Quelqu'un Aurait Dû Nous Le Dire!

(Vérités Simples Pour Vivre Bien)

Dr Jack Pransky

Introduction et traduction: Véronique Pivetta

KNOW YOURSELF

Quelqu'un Aurait Dû Nous Le Dire! (**Vérités Simples pour Vivre Bien**) **Première Édition 2015**
Titre original: Somebody should have told us! (Simple truths for living well)
Traduit de l'anglais par: Véronique Pivetta

Copyright © 2015 - Véronique Pivetta - Know Yourself Publishing, Tous droits réservés.

Éditeur: Know Yourself Publishing
Traduction: Véronique Pivetta
Relecture: Christine Lefebvre et Pierre-Guillaume Ribas
Conception de la couverture: Danijela Mijailović

ISBN format PAPERBACK: 978-2-930860-00-8
ISBN format KINDLE: 978-2-930860-01-5
ISBN autres formats électroniques: 978-2-930860-02-2

Dépôt légal Bibliothèque Royale de Belgique:
D/2015/13.672/1

Si vous voulez être tenu au courant des dernières parutions et activités des Éditions Know Yourself, inscrivez-vous à notre newsletter (c'est gratuit!) en laissant votre nom et adresse e-mail sur notre site web www.KnowYourselfPublishing.com

Sommaire

Ce livre est dédié à la mémoire du philosophe spirituel Sydney Banks, 1931-2009, qui a initialement formulé cette philosophie et qui m'a personnellement époustouflé par la vérité de celle-ci. Les mots ne peuvent exprimer la gratitude que je ressens pour cet homme remarquable mais ordinaire qui a apporté cette philosophie des Trois Principes dans le monde et qui est la source et le catalyseur qui a permis de toucher et de changer la vie de tant de personnes. Le monde est un endroit meilleur grâce à lui.

Remerciements

Premièrement, je remercie chaque étudiant, stagiaire, client et membre de la communauté qui m'a fait l'honneur de s'ouvrir à l'écoute de cette philosophie des Trois Principes, qui explique que l'expérience humaine est générée de l'intérieur vers l'extérieur. J'ai tellement appris grâce à vous.

Après Sydney Banks, que j'ai remercié dans la dédicace, je remercie aussi sincèrement le Dr George Pransky (un cousin éloigné) qui m'a guidé initialement à travers cette philosophie.

Merci à tous les autres enseignants des Trois Principes qui diffusent cette philosophie à travers le monde et aident tellement de gens à améliorer leur vie. À ceux aux côtés desquels j'ai eu le plaisir de travailler jusqu'à maintenant (en particulier Gabriela Maldonado pour avoir partagé de magnifiques histoires pour ce livre), je vous en suis reconnaissant.

Je remercie Nancy Greystone qui était ma consultante média pour mon livre *Parenting from the Heart* et m'a inspiré sans le savoir à écrire ce livre de développement personnel.

Je remercie Pam Parrish, mon éditeur initial, pour m'avoir assisté dans mon écriture. Et Judy Pransky, Alison Sharer, Kris Washington, Candy Mayer, Georgina Mavor, Diane McMillen, Stephanie Watson et Amy Dalsimer qui ont apporté un feedback important. Mes remerciements particuliers pour le Dr Todd

Schaible et Paul Thomlinson pour leur aide précieuse dans l'édition initiale.

Enfin je remercie les belles personnes qui ont partagé leur propre expérience personnelle du cheminement vers cette nouvelle façon de voir les choses qui a changé leurs vies. Elles sont la preuve vivante que cette approche change des vies, et leurs contributions apportent beaucoup de richesse et de profondeur qui en inspireront d'autres.

…un ami Sioux me racontait:

Le Créateur rassembla toute la création et dit:

— Je veux cacher quelque chose aux humains jusqu'à ce qu'ils soient prêts.

C'est la prise de conscience qu'ils créent leur propre réalité.

L'aigle dit:

— Donnez-la-moi, je l'apporterai sur la lune.

Le Créateur dit:

— Non. Un jour ils iront là-bas et ils la trouveront.

Le saumon dit:

— Je vais la cacher au fond de l'océan.

— Non. Ils iront là aussi.

Le buffle dit:

— Je vais l'enterrer dans les grandes plaines.

Le Créateur dit:

— Ils vont couper la peau de la terre et la trouver même là…

Puis Grand-mère Taupe, qui ne voit rien du monde mais voit avec les yeux de l'Esprit, dit:

— Mettez-la en eux [car c'est le dernier endroit où ils regarderont.]

Le Créateur dit:

— C'est fait.

Gary Zukav

Préface

Il y a treize ans, en plein milieu de ce que j'appellerais une quête spirituelle (c'est à dire la lecture de nombreux livres spirituels, l'écoute d'un grand nombre de cassettes, des rencontres avec des groupes spirituels), soudainement, sans avertissement et sans aucun lien avec ce que j'examinais, ma recherche s'est arrêtée d'elle-même. Ceci n'était pas mon intention; je ne le souhaitais même pas vraiment. C'est arrivé naturellement et sans effort. J'avais trouvé ce que je cherchais.

Comment cela s'est-il produit? Je sais seulement que par mon travail sur la prévention des comportements problématiques je suis tombé sur un nouveau paradigme largement inconnu qui a retourné sens dessus dessous tout ce que je savais. D'abord, je n'arrivais pas à le comprendre, mais je savais que c'était important. J'ai entendu quelque chose au plus profond de mon âme qui s'est connecté à ma propre sagesse. Dès ce moment, j'ai commencé à vivre avec plus de bien-être, j'étais moins stressé. Mes relations se sont améliorées. Cette nouvelle façon de voir la vie m'a apporté une grande reconnaissance.

À ma grande surprise j'ai découvert que je pouvais aider d'autres personnes à trouver pour eux-mêmes ce que j'avais trouvé pour moi. Eux aussi ont commencé à se sentir mieux et leurs problèmes ont disparu. J'avais trouvé quelque chose qui fonctionnait de façon plus puissante que tout ce que j'avais pu trouver auparavant. Ceci est devenu le travail de ma vie, aidant de nombreuses personnes à atteindre un sentiment de Santé spirituelle et mentale, d'équilibre et de sérénité.

Le mérite ne m'en revient pas. Je ne fais que reconnecter les gens à la sagesse et la Santé qu'ils portent en eux. Il me semble que la plupart des gens ne soient pas guidé par leur sagesse.

Je n'aurais jamais pensé écrire un livre de développement personnel. Cela est arrivé par un heureux hasard. En pleine campagne de promotion pour mon livre, *Parenting from the Heart,* mon responsable publicitaire a exigé que je prenne des leçons pour mieux communiquer avec les médias. J'avais tendance en parlant aux autres à commencer doucement jusqu'à ce que je sois assez échauffé pour faire valoir mon point de vue avec une certaine force. En parlant aux médias, je n'avais pas ce luxe; le temps que je sois échauffé mes quelques minutes de parole s'étaient écoulées. Donc "l'école de la concision", comme je l'appelais, semblait être une bonne idée. Cela m'a aidé à aiguiser et à présenter avec clarté mon opinion au sujet de l'art d'élever un enfant. Pour trouver les points que je voulais mettre en avant je suis allé me promener dans les bois pour me vider la tête et leur permettre de bouillonner de l'intérieur vers la surface. Des pensées intéressantes me sont venues à l'esprit, mais il me semblait important de les partager avec tout le monde, pas seulement avec les parents; cependant je savais que seuls les parents et futurs parents seraient intéressés par un livre sur l'art d'élever un enfant. Alors soudainement l'idée a surgi: "Tu dois écrire un livre de développement personnel."

Ceci m'a surpris. Qu'avais-je à offrir qui n'avait pas déjà été écrit? Immédiatement j'ai su ce qui démarquerait ce livre de presque tous les autres livres de développement personnel sur les étals des librairies. La plupart des livres de développement personnel disent aux gens ce qu'ils doivent *faire* pour améliorer leurs vies. Souvent les gens les lisent, trouvent difficile de mettre en pratique ce que ces livres suggèrent (à cause de leurs habitudes), et rien ne change. Puis ils lisent un autre livre de développement personnel en espérant que le prochain les aidera mieux.

Et si au lieu de cela, nous aidions les gens à trouver leurs propres réponses à l'intérieur d'eux-mêmes? Et si nous les aidions à voir le "mécanisme" derrière leur fonctionnement psychologique et spirituel et les principes qui créent leur expérience de la vie?

Alors ils tiendraient la clef pour libérer leur sagesse pour les guider à travers n'importe quelle difficulté. Ils pourraient l'emporter avec eux n'importe où ils vont, toujours, parce que cela fait déjà partie d'eux. Ils doivent seulement le *voir!* Une fois qu'ils l'auraient vu, ils n'auraient plus besoin d'aucun livre de développement personnel, celui-ci inclus. J'ai vu de grands changements dans la vie de nombreuses personnes après les avoir aidées à voir que la vie fonctionne de l'intérieur vers l'extérieur. Mon intention est simplement d'être utile au plus de personnes possible. Un livre peut potentiellement toucher un beaucoup plus grand nombre de personnes que celles avec qui je peux travailler personnellement ou en groupes.

Je crois sincèrement que le plus grand espoir pour l'humanité est que les gens réalisent comment ils peuvent utiliser les dons spirituels et créatifs qu'ils ont reçus pour leur bénéfice plutôt qu'à leur détriment.

Je ne suis qu'une vague dans un étang.

Quelques notes à propos de ce livre, et comment en tirer le meilleur parti:

➤ Ce livre ne contient pas de conseils. Il n'offre pas de compétences, ni aucune technique. Initialement cela peut être déconcertant pour certains, mais les conseils, les compétences et les techniques résident tous dans le monde extérieur. Ce livre contient quelque chose de beaucoup plus précieux. Le vrai changement ne peut venir que de l'intérieur, de notre propre prise de conscience. Il est beaucoup plus réconfortant de réaliser qu'il n'y a vraiment rien à faire parce que *nous avons déjà tout ce que nous cherchons à l'intérieur de nous*, et ceci est toujours à notre disposition indépendamment des situations de vie que nous rencontrons, *si* nous savons comment y accéder. Je ne veux pas que qui que ce soit se tourne vers moi, quand les réponses sont en eux. Ce livre dirige les gens dans la direction du véritable développement *personnel*.

➤ Le seul conseil que je vous donnerai concerne comment tirer le meilleur parti de ce livre. Il serait sage de l'aborder avec un esprit ouvert, de dégager votre esprit, de mettre de côté tout ce que vous savez (du moins temporairement), y compris les comparaisons avec d'autres choses. Les comparaisons et jugements nous empêchent de comprendre quelque chose de nouveau, et le fait de voir la vie d'une façon totalement nouvelle, c'est justement toute l'idée de ce livre. Si vous souhaitez réellement assimiler ce que ce livre offre, je suggère de le lire et de le relire maintes fois jusqu'à ce que son contenu vous semble familier. Alors vous saurez que cette nouvelle façon de voir le monde fait partie de vous, que vous voyez maintenant les choses avec un regard neuf. Vous saurez que vous comprenez quand vous verrez les résultats pour vous-même.

Préface

➢ Ce livre est écrit tel qu'il l'est pour une raison. Il contient beaucoup d'histoires et de textes narratifs. Il y a plusieurs raisons à cela. Tout d'abord, aucun mot ne peut retranscrire le fait spirituel (la façon dont tout fonctionne réellement en nous) de manière exacte et adéquate et les histoires aident à cerner ce que je veux dire. Deuxièmement, il est souvent utile de voir à travers les yeux de ce que d'autres ont vécu. Troisièmement, quand nous sommes immergés dans une histoire nous nous oublions temporairement et paradoxalement nous avons de plus grandes chances d'avoir de nouvelles prises de conscience à propos de nous-mêmes. Je sais que cela semble bizarre, mais c'est vrai. Ce livre contient également quelques répétitions. J'essaie de dire les mêmes choses de façons différentes parce que cela aide à assimiler ce qui est nouveau. Chaque chapitre construit sur ceux qui le précédent.

➢ Dans ce livre, j'utilise certains termes pour lesquels d'autres ont leurs propres définitions, comme Esprit, Conscience, Pensée, Sagesse, Santé, Principe. Il serait sage de mettre de côté temporairement vos propres définitions. J'explique ce que je veux dire quand j'utilise ces termes. À de nombreux endroits dans ce livre je commence ces mots avec une lettre capitale quand je veux parler de l'universel plutôt que du personnel.

➢ Les histoires de ce livre ne sont pas supposées être une illustration de comment donner des conseils professionnels en se basant sur cette philosophie des Trois Principes; elles ne font que représenter comment j'ai travaillé tant bien que mal avec des personnes à ce moment-là. Aujourd'hui, je pourrais le faire différemment. Mais les résultats parlent d'eux-mêmes.

L'état d'esprit que tout le monde souhaite pour soi-même est à portée de main. J'espère que ce livre vous aidera à trouver la sérénité que vous méritez, la sérénité que de nombreuses personnes trouvent aujourd'hui en eux-mêmes. Alors installez-vous confortablement, détendez-vous, absorbez et profitez. Cela ne servira à rien d'analyser ou d'essayer de comprendre (intellectuellement), la sagesse vient justement de l'opposé: la grâce d'un esprit détendu.

Jack Pransky

Cabot, Vermont

Janvier 2005

Introduction de l'Édition en Français

J'ai découvert ce livre en 2011 et j'ai tout de suite voulu le partager avec ma famille, mes amis et mes clients, donc quand Jack m'a proposé de le traduire en Français j'ai dit oui sans hésiter! Ce qui différencie ce livre de tous les autres livres de développement personnel sur le marché est qu'il ne contient pas de techniques, de méthodes à appliquer, de choses à rajouter à votre liste déjà assez remplie de «choses à faire». Au lieu de cela, ce livre, basé sur la philosophie des Trois Principes, décrit tout simplement d'où vient notre expérience. Il décrit les principes fondamentaux qui sont à la base de notre fonctionnement psycho-spirituel. Une fois que nous comprenons vraiment comment nous fonctionnons, nous découvrons une liberté incroyable. Nous redécouvrons notre bien-être et notre sagesse innée, nous vivons avec beaucoup plus de joie et de légèreté, plus de confiance en nous-même et en la vie, et la certitude que nous pouvons faire face à n'importe quelle circonstance ou situation avec grâce.

Quelques termes importants reviennent constamment dans ce livre. Il m'a semblé important de les définir clairement dans cette introduction, afin de vous aider à mieux comprendre ce livre.

1. Les Trois Principes est le terme qui désigne la philosophie qui est décrite dans ce livre. Ces Trois Principes sont l'Esprit, la Pensée et la Conscience. Ensemble, ils nous permettent d'avoir une expérience de la vie. L'utilisation du mot **Esprit** dans ce livre s'apparente au mot «Esprit» dans le sens du «Grand Esprit» des Amérindiens et désigne l'énergie de la vie, une source d'intelligence divine, l'énergie universelle. Dans le contexte des Trois Principes, le mot **Pensée** désigne le «don de la Pensée», cette capacité que nous avons de donner du sens aux choses. C'est la pensée universelle, créative et créatrice qui «crée» notre expérience. La **Conscience** est ce qui nous permet d'avoir une expérience de la vie. La conscience donne vie à nos pensées et c'est ainsi que nous vivons les choses, c'est de là que viennent nos sentiments et nos émotions.

2. **Philosophie:** Dans la communauté des Trois Principes il est courant d'en parler comme d'une «Compréhension» («*Understanding*» en Anglais) parce qu'il suffit de «comprendre» réellement ces Trois Principes pour que notre vie se transforme. Cependant, je trouve que cela ne fonctionne pas en Français de dire que les Trois Principes sont une «Compréhension» et j'ai donc choisi de parler d'une philosophie. J'utilise ce mot dans le sens de Platon, pour qui la philosophie est *la science de l'Être, et non des apparences.*

3. **Santé Innée:** La philosophie que nous appelons aujourd'hui «Les Trois Principes» était autrefois appelée «*Health Realization*», c'est à dire «prendre conscience de notre propre Santé». Dans ce contexte, ce terme désigne notre Santé mentale, psychologique et spirituelle. L'idée de «Santé Innée» c'est que nous avons tous en nous, du jour de notre naissance jusqu'au jour de notre mort, une Force indestructible, une Santé psychologique et spirituelle fondamentale qui ne peut pas être endommagée. La seule chose qui peut se passer c'est

que cette Force peut être cachée ou temporairement obscurcie, et que donc parfois nous ne pouvons pas la voir. Découvrir les Trois Principes c'est redécouvrir cette Force, cette Santé qui est en nous.

4. **De l'intérieur vers l'extérieur:** La vie fonctionne «de l'intérieur vers l'extérieur». Cela signifie que notre expérience de la vie, ce que nous vivons et ressentons, est généré à l'intérieur de nous et n'est pas causé par les circonstances, par les événements du monde extérieur.

5. **Prise de conscience:** Il n'y a pas d'équivalent exact dans la langue française pour le mot Anglais «*insight*». Littéralement «*insight*» signifie «une vue de l'intérieur». Ce mot désigne un moment de compréhension dans lequel une idée, un élément surgit «de nulle part», nous vient soudainement à l'esprit et nous permet de mieux comprendre la vie et le monde. Il s'agit d'un déclic ou tout à coup, on «voit» quelque chose qu'on ne voyait pas un instant plus tôt, quelque chose nous est «révélé», qui était caché auparavant. Nous prenons conscience quelque chose dont nous n'étions pas conscients préalablement. J'ai donc choisi de traduire «*insight*» comme «prise de conscience».

Pour terminer, je voudrais vous dire encore ceci: ce livre n'est pas une œuvre littéraire. Il est écrit pour vous permettre d'avoir vos propres prises de conscience pour mieux comprendre comment vous fonctionnez réellement. Les histoires et dialogues sont simplement là pour créer une ouverture d'esprit, et vous inviter à regarder dans une certaine direction. Ne vous découragez pas si certaines phrases vous semblent bizarres. Le secret n'est pas dans les mots, il faut regarder au-delà des mots et se laisser toucher. Ce que Jack tente de décrire dans ce livre est difficile à décrire, même après de nombreuses années de pratique. La raison est simple: il s'agit de choses qui dépassent l'intellect, et ne peuvent ni être pleinement comprises, ni être correctement décrites avec celui-ci. Je vous conseille de vous relaxer et de lire ce livre de la façon la plus détendue possible, sans trop y réfléchir, sans analyser ou comparer.

Laissez-vous inspirer par ce livre, laissez-vous toucher par la sagesse profonde qui vous parle au-delà des mots et vous verrez votre façon de voir le monde se transformer.

Véronique Pivetta

Coach des Trois Principes www.veronique-pivetta.com

Fondatrice Know Yourself Publishing www.KnowYourselfPublishing.com

Introduction

J'ai ressenti une explosion d'énergie à l'intérieur de moi. Il n'était pas possible qu'une estime de soi positive ait toujours été là, en moi, simplement recouverte d'un monceau de pensées négatives!... Je ne pouvais pas croire que les dix dernières années j'avais lu des livres de développement personnel, assisté à des séminaires, dépensé beaucoup d'argent et de temps et que je n'avais jamais trouvé de manière efficace pour aborder le problème de l'estime de soi. Je ne pouvais pas croire que cela pouvait être aussi "facile". Des sentiments d'ébahissement, d'incrédulité, de honte, de colère, de culpabilité, de soulagement ont parcouru tout mon corps... je me sentais tellement soulagée et pleine d'espoir que je pouvais à nouveau respirer, mais en même temps j'étais furieuse. Pourquoi personne ne m'avait raconté cela plus tôt?

Maribel

Quelqu'un aurait dû nous le dire! Pourquoi personne ne nous l'a dit?

Pourquoi personne ne nous a dit comment nous fonctionnons réellement comme être humain, psychologiquement et spirituellement? Pourquoi personne ne nous a dit comment notre expérience de la vie est créée? Comment nous créons pour nous-mêmes des vies joyeuses ou malheureuses, paisibles ou stressantes, belles ou déprimées ou fâchées?

Quelqu'un Aurait Dû Nous Le Dire!

Pourquoi? Parce qu'ils ne le savaient pas! Nos parents ne le savaient pas. Leurs parents ne le savaient pas. Nos professeurs ne le savaient pas. Nos mentors et nos exemples ne le savaient pas. Ce n'est la faute de personne. S'ils avaient su, ils l'auraient fait.

Presque tout le monde aimerait vivre avec plus de sérénité, moins de stress et de meilleures relations. Le problème c'est qu'on a été dirigé dans la mauvaise direction.

La plupart des livres ou séminaires de développement personnel, la psychothérapie et même la plupart des services d'assistance ne nous ont pas dit que la sérénité, l'absence relative de stress et des relations naturellement satisfaisantes sont à notre portée parce que c'est notre état naturel. Ce qui se passe c'est que nous nous mettons des bâtons dans les roues, sans même nous en rendre compte. La direction la plus utile pour nous n'est pas ce que nous pouvons *faire* mais ce que nous devons *comprendre* pour permettre à ce qui est naturellement en nous de reprendre son cours librement.

Actuellement, peu de gens ont cette perspective. Ceux qui l'ont, vivent des vies heureuses, saines, satisfaisantes et productives. Cependant, chacun peut accéder à cette nouvelle façon de voir les choses à la fois simple et puissante, parce que cela fait déjà partie de nous! C'est juste que nous n'en sommes *pas encore* conscients.

Quand nous voyons comment quelque chose fonctionne réellement et en voyons l'utilité nous pouvons utiliser cette chose à notre avantage. Sinon, nous sommes à sa merci. Soit nous sommes complètement perdus, soit tout se déroule bien mais c'est par pure chance. Une télécommande qui commande la télévision, le lecteur DVD, le décodeur numérique et la chaine Hifi peut être très utile mais si nous ne savons pas comment l'utiliser cela ne nous sert pas à grand-chose et ne fait que nous frustrer ou nous troubler. La même chose est vraie pour notre bien-être. Quand nous voyons ce qui anime notre bien-être, quand nous voyons où sont les fondements de notre être et comment utiliser cette connaissance pour notre propre bénéfice, la navigation est plus simple. Au lieu d'être à la merci des circonstances, au lieu d'être déconcertés ou frustrés par les vicissitudes de nos vies, nous découvrons que notre expérience est générée à l'intérieur de nous-mêmes, nous en sommes les créateurs.

Rétrospectivement, je me dis que si j'avais su ce que je sais maintenant j'aurais pu m'éviter à moi-même et éviter à d'autres tant de difficultés. Mais c'est stupide de nous flageller pour ce que nous ne voyions pas. J'étais innocent. Je n'aurais pu faire les choses différemment que si je les avais vues différemment à ce moment-là. Et ceci est vrai pour nous tous. L'intérêt n'est pas de regarder en arrière; c'est de vivre maintenant, armés de cette nouvelle façon de voir les choses.

Je ne dis pas que nous ne rencontrerons pas de difficultés. Cela n'est pas possible. Il a été dit souvent que "la vie est un sport de contact". Mais concernant la façon dont nous vivons ces soi-disant difficultés, tout est possible. *Ce que nous faisons* de ces difficultés c'est ce qui fait vraiment la différence dans nos vies.

La plupart d'entre nous vivons sans être conscients de ce qui nous fait fonctionner comme nous le faisons, de ce qui crée notre expérience de la vie, de ce qui fait changer les gens, de ce qui permet de vivre dans le bien-être et la sérénité. L'ignorance n'est pas une fatalité. Il n'est jamais trop tard pour vivre avec cette nouvelle façon de voir les choses pour le reste de notre vie.

J'ai réalisé que si nous comprenions profondément (1) ces Trois Principes spirituels, (2) comment ces Principes fonctionnent ensemble et (3) comment la façon dont nous les utilisons détermine chacune de nos expériences, nous pourrions vivre notre vie avec tranquillité d'esprit, bien-être, santé mentale et liberté psychologique. Ces Trois Principes sont révélés à travers ce livre. Je me suis posé la question: «Que devons-nous savoir sur ces Trois Principes et la façon dont ils fonctionnent pour nous aider le plus dans notre vie?». L'idée m'est alors venue que Les Trois Principes nous enseignent 10 leçons importantes qui peuvent nous aider dans notre vie et nos relations. En tant que simples affirmations ces leçons ne veulent rien dire. Elles nécessitent une exploration et un peu de réflexion. Donc, un chapitre complet est dédié à chacune d'entre elles:

1. Notre pensée est notre vie.
2. La sagesse est toujours disponible pour nous guider, si nous savons comment y accéder.
3. Une personne ne peut changer que si sa Pensée change.
4. Quand notre esprit se dégage notre sagesse apparaît.
5. Ce n'est pas en y pensant que nous pouvons trouver des solutions à nos problèmes (ou trouver notre bonheur).
6. Ce qui compte, c'est ce que l'on sent, et c'est infaillible.
7. La vie, c'est comme une auberge espagnole. On n'y trouve que ce que l'on y voit.
8. Lorsque notre niveau de conscience est amoindri, il serait peu sage de croire, de suivre ou de nous fier à notre pensée.
9. Écouter les autres profondément plutôt que d'écouter notre propre pensée enrichit notre expérience.
10. Nous ne sommes coincés qu'autant que nous pensons l'être, ni plus ni moins.

Comprendre ces affirmations profondément c'est vivre dans un monde différent, un monde qui fonctionne de l'intérieur vers l'extérieur. Il se peut que vous ne voyiez plus jamais vous-même ni le monde de la même façon.

Nous avons en nous quelque chose d'incroyablement puissant. C'est le pouvoir de changer, de manière monumentale. Nous sommes des potentiels de changement à chaque moment. Nous pouvons changer d'avis, changer nos pensées. Notre esprit a cette capacité d'atteindre un niveau de lucidité qui nous guide vers des prises de conscience dont nous n'aurions jamais pu rêver, des prises de conscience tellement puissantes que le monde paraîtra à jamais différent; notre vie paraîtra à jamais différente. Notre Santé Innée et notre intelligence naturelle est toujours cachée en nous, prête à remonter à la surface. Tout ce que nous devons faire c'est nous permettre de laisser tomber ce que nous pensons savoir, ou d'arrêter de prendre cela au sérieux, et cette sagesse nous parlera. Elle est tellement proche de nous que nous avons oublié qu'elle est là (comme l'air que nous respirons que nous tenons pour acquis), mais elle tient la clef qui ouvre à chacun l'expression de son potentiel. Pour tout le monde il y a de l'espoir de sortir de la destruction, de la dépression, de la colère, de l'insécurité, de sortir de chaque émotion et du comportement qui en résulte. Pour avoir accès à cette sagesse il suffit de lui permettre d'émerger en reconnaissant son pouvoir dans nos vies et en lui faisant confiance.

Cette nouvelle approche a déjà conquis des milliers de personnes et a contribué à l'amélioration de leur existence.

Vous pourriez être la prochaine personne.

La seule condition est un esprit ouvert.

1

Notre Pensée est Notre Vie

Attendez! Avant de commencer. Je sais que beaucoup d'entre vous vivent avec des sentiments que vous préféreriez ne pas ressentir. C'était aussi mon cas. Nous vivons avec les soucis, le stress, la frustration, la colère, l'ennui, l'anxiété, la tristesse, la dépression, la jalousie, la culpabilité, avec nos esprits trop occupés, avec la dépendance, etc... Mais ce n'est pas une fatalité. Ces sentiments ne doivent pas nous dominer. Le secret consiste à comprendre d'où ils viennent, pas d'où ils sont issus dans notre passé, mais bien comment tous les sentiments sont créés en nous. Je sais aussi d'expérience que vous serez le plus à même de voir cela si nous y allons graduellement. Pourquoi? Parce que l'information en elle-même ne veut rien dire; seules vos propres prises de conscience à ce sujet font une différence. L'esprit doit être préparé pour absorber ce qui est nouveau. Ne vous inquiétez pas si vous ne voyez pas tout de suite de quoi je parle; d'ici la fin de ce livre vous vous y serez habitués et cela vous semblera tout à fait clair. Alors vous pourrez relire le livre et voir encore plus. Nous commençons avec l'histoire de Lisa...

Lisa n'avait jamais escaladé une montagne. Elle le souhaitait mais c'était une grande fumeuse et elle avait peur de ne jamais y arriver. Elle avait peur de ne pas avoir l'énergie ou l'endurance nécessaire. Au cours de sa vie d'autres lui avaient demandé de faire de la marche à pied avec eux. Elle avait refusé. Elle était pleine d'appréhensions, et pas seulement à propos des montagnes. Lisa avait été abandonnée quand elle n'était encore qu'un bébé. Aujourd'hui, à 39 ans, elle n'avait jamais rencontré sa mère biologique. Elle avait été élevée par une belle-mère, dont Lisa pensait qu'elle la détestait. Quand elle était enfant son oncle, qu'elle aimait et à qui elle faisait confiance, avait abusé d'elle sexuellement, à la suite de quoi Lisa avait développé des habitudes de pensée qui à ce moment-là l'avaient aidée à survivre mais qui au fil des années étaient devenues de moins en moins utiles. Pendant douze ans elle avait eu besoin d'antidépresseurs pour fonctionner au quotidien. Elle s'était engagée dans une série de relations malavisées, dont au moins une avec violence physique. Elle se sentait coincée. De nombreuses choses dans sa vie lui semblaient être aussi insurmontables que les montagnes.

Lisa a assisté à un cours sur les Trois Principes que je donnais à la New England School of Addiction Studies. Pendant cette session elle a entendu quelque chose qui l'a touchée profondément. En rentrant chez elle, elle s'est rendu compte qu'elle voyait les couleurs des arbres pour la première fois. En admiration devant tant de beauté, elle s'est arrêtée et a pleuré d'émotion. Au cours des années qui ont suivis elle m'a consulté sporadiquement et a assisté à une formation professionnelle sur les Trois Principes. Elle a commencé à voir que la seule chose qui la bloquait était sa propre pensée.

A travers cette formation Lisa a réalisé que la façon dont elle utilisait sa pensée la limitait, et la maintenait dans la peur tout en créant une vague espérance de vie meilleure. Elle s'est rendu compte que *son seul obstacle était la façon dont elle utilisait la pouvoir de la Pensée, et que ses pensées pouvaient changer.* Avec cette prise de conscience la vie de Lisa s'est améliorée de façon spectaculaire. Pour la première fois elle a commencé à ressentir du bien-être. Elle ne ressentait plus le besoin de prendre des médicaments contre la dépression. Sa "dépression saisonnière" diagnostiquée par un psychiatre n'avait plus la même emprise sur elle. Elle s'est portée volontaire pour enseigner ce qu'elle avait appris à des détenus de centres pénitentiaires et elle a commencé à avoir un effet sur leurs vies.

Parce que la vie de Lisa avait tellement changé, je lui ai demandé d'enseigner le prochain cours des Trois Principes avec moi à la New England School, organisée cette année-là dans le sud du New Hampshire. Pour mon 56-ième anniversaire, j'avais décidé d'escalader le Mont Monadnock pendant la pause de l'après-midi en milieu de semaine. Je n'avais pas fait de randonnée depuis mon enfance. J'ai demandé à Lisa si elle voulait se joindre à moi. Elle a dit:

— Je voudrais bien, mais je ne sais pas si j'en serai capable.

J'ai dit:

— Lisa, ceci est la montagne la plus escaladée du monde. Des personnes dans une forme physique bien pire que la tienne l'ont escaladée.

Malgré toutes les autres prises de conscience de Lisa à propos de sa vie elle était coincée en ce qui concerne la montagne. Pourquoi d'autres personnes pouvaient escalader des montagnes et pas elle? En quoi était-elle si différente?

Elle a décidé d'essayer avec un mélange d'inquiétude et d'enthousiasme. Elle pensait: "Si j'y arrive, ce sera un exploit énorme."

Et donc nous sommes partis. Lisa a passé toute la première partie de l'ascension, qui était une douce promenade à travers de jolis bois, à se plaindre du fait que c'était tellement désagréable. Elle voulait s'arrêter et fumer une cigarette. J'ai demandé:

— Est-ce bien sage?

— Non, mais je vais quand-même m'arrêter et un fumer une, je vais le faire!

Avant d'arriver à la partie la plus raide de l'ascension, Lisa voulait abandonner. Elle s'est plainte encore mais a réussi à continuer.

Après une marche pénible, nous sommes arrivés, tous deux en sueur, à la partie la plus raide de l'ascension, du granit solide. Tout à coup Lisa a vu cela comme un défi. Son expérience de la randonnée a changé. Elle s'est hissée sur de gros rochers raides et a dit en riant:

— C'est chouette!

Après avoir escaladé des rochers pendant un moment nous étions tous deux fatigués. Nous sommes arrivés au premier beau belvédère. Lisa n'avait jamais vu une vue pareille. Elle a adoré. Elle pensait que nous étions arrivés au sommet.

— Tu veux dire qu'on n'est pas encore arrivé? demanda-t-elle avec une expression mécontente.

— Pas encore. C'est là-bas. Tu vois? (Je pointais du doigt.)

Lisa s'est découragée. Son expérience de la randonnée a changé à nouveau.

Elle a grogné:

— Je ne sais pas si je vais continuer plus loin.

Puis elle s'est assise, a pris une cigarette et l'a allumée.

— Lisa, regarde, on peut voir le sommet! Est-ce que tu veux vraiment abandonner maintenant, quand on est presque arrivé?

Lisa a grogné à nouveau.

Quelques femmes Portoricaines, qui assistaient aussi au cours à la New England School, sont apparues sur le sentier. Elles n'avaient pas envies non plus d'aller plus loin. Nous avons discuté pendant quelques minutes jusqu'à ce que quelques randonneurs à l'allure athlétique nous croisent sur le chemin du retour. Je leur ai demandé à combien de temps on était du sommet. Ils ont dit:

— Oh, probablement dix minutes.

J'ai blagué:

— Cela nous en prendra sans doute vingt alors.

Pour une raison quelconque les Portoricaines ont trouvé ça trop drôle. Elles ne pouvaient plus s'arrêter de rire. Étonnement cela a dynamisé tout le monde, et on a tous entamé la dernière étape.

A contrecœur Lisa a éteint sa cigarette et s'est levée.

— Je ne peux pas croire que je fasse cela.

Vingt minutes plus tard nous nous trouvions tous les quatre au sommet. Lisa fut témoin de sa première vue spectaculaire à 360 degrés. Émerveillée elle a regardé à nouveau longuement. Lisa avait escaladé sa première montagne. Elle avait atteint le sommet.

Lisa y était arrivée parce qu'elle avait arrêté de penser qu'elle ne pouvait pas y arriver.

La plupart d'entre nous ne réalisons pas comment notre pensée nous contrôle. Nous sommes à la merci de notre pensée, jusqu'à *ce que nous voyions et réalisions comment elle fonctionne pour créer notre expérience de la vie.*

La Pensée est notre plus grand don, notre plus grande force. C'est notre force créative, le pouvoir de créer quoi que ce soit avec notre propre pensée. Ceci est le premier Principe spirituel. C'est un fait. Nous pouvons avoir n'importe quelle pensée. Nous les générons. Nous les créons. Nous les inventons.

Quelqu'un Aurait Dû Nous Le Dire!

Le second Principe est un autre don merveilleux: le pouvoir de la *Conscience*. La Conscience nous permet d'avoir une expérience de la vie. Sans la Conscience nous n'aurions aucune expérience parce que nous ne serions pas conscients de ce qui ce passe dans le monde.

Contrairement aux apparences nous ne pouvons jamais avoir une expérience directe du monde par notre conscience. Notre conscience ne peut nous donner qu'une expérience de ce que nous *pensons* qu'il y a là-bas (dans le monde), de notre propre interprétation de ce qu'il y a "là-bas". Notre conscience ne peut que nous donner une expérience de notre pensée. *La seule chose dont nous pouvons avoir une expérience c'est notre propre pensée.*

Cette affirmation peut être déroutante. Le fait de véritablement comprendre cela change des vies.

Je vais le dire d'une façon différente.

Nous percevons la vie par nos cinq sens. Cela est évident. Ce qui n'est pas évident est que tout ce que nos sens perçoivent doit être filtré par notre pensée. Nous ne pouvons en aucun cas avoir une expérience "pure" ou directe du monde extérieur. Par exemple, certaines personnes regardant par la fenêtre verront les branches des arbres bougeant doucement dans le vent. D'autres ne seront pas du tout conscients des arbres ou branches; ils verront peut-être un camion passer. Ils regardent par la même fenêtre vers les mêmes choses au même moment mais ils ont une *expérience* différente de ce qu'il y a là-bas. Ils *voient* un "là-bas" différent.

Certaines personnes aiment le goût du brocoli, d'autres pas. La plupart des gens aiment le parfum des roses, certains pas. Certaines personnes adorent la musique rap, d'autres ne la supportent pas. Certaines personnes adorent la sensation du satin parce que cela leur rappelle la soie, moi la sensation du satin m'est insupportable. Indépendamment de nos sens, tout dépend de ce que nous en pensons. Cela dépend *seulement* de ce que nous en pensons. Toujours! *Nous ne pouvons connaître que notre propre pensée personnelle du monde extérieure.* C'est comme ça. C'est tout. En d'autres mots, la montagne n'est pas le problème. La montagne est le monde extérieur. Notre pensée à propos de la montagne est le problème. Lisa a eu une expérience de la montagne différente de la mienne parce que nos pensées à propos de la montagne et ce que cela signifiait pour nous était différent. C'était la *seule* différence! Pendant la randonnée l'expérience de Lisa a changé de nombreuses fois. Parfois c'était une corvée, parfois c'était insurmontable, parfois c'était un chouette défi. Pourquoi? Parce que sur le sentier sa pensée à propos de cette activité changeait. Le fait est que Lisa devait vivre l'expérience qu'elle imaginait en ce moment, quelle qu'elle soit.

Ceci est ce qui se passe dans la vie. C'est la vie. Ceci *est* notre vie, ni plus ni moins. Quand nous réalisons réellement que tout ce que nous vivons, c'est à dire nos expériences, nos sentiments, nos problèmes, tout ce que nous appelons "la réalité" ou "les choses telles qu'elles sont", que tout cela est vraiment juste le produit de notre propre pensée, alors tout change pour nous. Notre expérience de la vie change.

Le monde extérieur ne peut *jamais* nous faire ressentir quoi que ce soit. Seule notre propre pensée peut nous faire ressentir des choses. Parfois dans le feu de l'action ou dans un sport comme le basketball ou le football il se peut que nous ne nous rendions même pas compte que nous nous sommes coupés, jusqu'à ce que nous remarquions que nous saignons, et alors on y pense. Ce n'est qu'à ce moment que cela fait mal. Nous n'avons pas d'expérience de la douleur jusqu'à ce que nous y pensions. Ce n'est pas notre travail qui nous stresse; c'est notre propre pensée à propos de notre travail qui nous stresse. Ce n'est pas Johny qui nous rend fou; c'est notre propre pensée à propos de Johny qui nous rend fou. Ce n'est pas le fait de parler devant un grand public qui nous fait peur; ce sont nos propres pensées à propos de parler devant un public. Ce n'est pas la montagne. Notre pensée *est* la montagne. Notre pensée détermine ce que la montagne est pour nous.

Notre conscience nous donne une expérience de tout ce que nos pensées créent, et donne à cette création *l'air d'être réelle*. C'est la mission de la conscience, de faire en sorte que tout ce que nous croyons ait l'air vrai pour nous. Si quelqu'un nous coupe le passage en voiture et cause presque un accident on se fâche, et cela nous semble légitime. Mais ce ne sont que nos pensées. Je ne dis pas que ce que le conducteur a fait n'était pas mal ou dangereux. Je ne dis pas qu'il ne nous arrive pas d'avoir trop à faire et trop peu de temps pour le faire. Je ne dis pas que Johnny ne rend pas plein de gens fous. Je ne dis pas qu'il n'y a pas de personnes réelles qui nous jugent dans le public. Je ne dis pas que la montagne n'est pas réelle. Mais ce qui détermine notre *expérience* de la montagne (que l'on pense que l'on peut l'escalader, que l'on pense que l'on peut y arriver, que l'on pense que c'est trop pour nous, que l'on pense que c'est impressionnant, que l'on pense que c'est excitant ou grisant) *tout* cela est déterminé par notre propre pensée. Notre pensée crée la montagne, pour nous. Notre expérience de la montagne est déterminée par notre propre pensée. Quand notre pensée change, notre expérience de la montagne change pour nous.

> D'abord il y a une montagne,
> Puis il n'y a pas de montagne.
> Puis il y en a une.
> Donovan, *"Il y a une montagne"*

Je n'avais aucune idée de ce que cette chanson signifiait jusqu'à ce que je comprenne cela. Comme la montagne, notre expérience de notre vie entière est déterminée par notre pensée: chaque aspect de la vie et chaque situation que nous rencontrons. Bien-entendu nous allons rencontrer des moments difficiles, des personnes difficiles, des relations difficiles, des circonstances difficiles. Cependant, comment nous vivons ces expériences, cela *on l'invente* avec notre propre pensée. Nous ne le faisons pas intentionnellement, mais nous le faisons quand-même.

Notre pensée est tout. La vie ne serait rien pour nous sans le don de la pensée. Sans nos pensées chaque expérience que nous vivrions serait neutre. Les pensées apportent le contenu, c'est à dire le fait que ce soit bon ou mauvais pour nous, joyeux ou triste ou fou pour nous. Avec ce pouvoir de Pensée incroyable on peut créer n'importe quoi. *On peut créer la vie que l'on vit.*

Qu'on le sache ou non on crée notre vie constamment, continuellement. Notre façon de voir la vie change à chaque fois que notre pensée change. Certaines pensées semblent être plus incrustées que d'autres, mais même celles-là peuvent changer parce qu'elles ne sont *que des pensées.*

Supposez que l'on réalise que chaque expérience que l'on vit peut et va changer avec de nouvelles pensées. Cela ne signifierait-il pas que l'on devrait prendre un peu moins au sérieux quelque expérience que l'on vit maintenant? Après tout, tout ce que l'on ressent maintenant changera à un moment ou un autre. Parfois sa peur de la montagne semblait réelle pour Lisa, parfois pas. On peut être fâché sur le conducteur qui nous coupe la route maintenant, mais dans un mois on aura oublié. Donc pourquoi prendre cela tant au sérieux maintenant? On peut être stressé parce qu'on a trop de travail au boulot, mais parfois on n'est pas stressé avec la même quantité de travail. Il y a des jours ou Johny nous dérange moins que d'autres. Que se passe-t-il? La seule différence est que notre pensée a changé. Nous ne devons pas prendre nos sentiments momentanés et passagers tellement au sérieux. Nos sentiments sont fluides comme notre pensée; ils sont comme une rivière qui coule. Pourquoi rester coincé dedans? En d'autres mots, notre relation à notre pensée peut changer: qu'on la prenne au sérieux ou non, qu'on y croit ou non, qu'on lui fasse confiance et qu'on la suive ou non.

La pensée circule continuellement à travers nous. Dieu seul sait d'où viennent certaines pensées qui surgissent dans nos têtes. Nous n'avons pas le contrôle sur la plupart des pensées qui surgissent. On ne peut pas toujours décider ce qu'on pense. On n'a pas le choix. Parfois des pensées complètement bizarres me viennent à l'esprit. Si tout à coup l'idée nous vient d'un éléphant rose, on en aura une image mentale mais on ne prendra pas ça au sérieux (sauf peut-être si nous sommes saouls); nous allons naturellement écarter cette idée. Mais si l'idée nous vient, "cette personne ne m'aime pas" ou "cette personne m'ignore," ce type de pensées-là on a tendance à les prendre au sérieux, même quand on a aucune idée de ce que cette personne pense vraiment.

Qui décide ce qu'on prend au sérieux?

Tammy avait peur des piqûres. C'était un problème parce qu'elle souffrait d'une maladie pour laquelle on devait lui faire des injections. Elle évitait ses injections à cause de sa peur des piqûres; par conséquent sa santé se détériorait. Nous parlions de sa peur au téléphone et j'ai dit quelque chose comme, "Il se peut que ça fasse un peu mal quand tu es piquée par une aiguille, comme ça le ferait si tu te promenais et que tu heurtais une épingle qui dépasse d'un fauteuil, mais que tu l'appréhendes ou non, ça c'est toi qui le décides."

Je ne sais pas pourquoi, mais tout à coup j'ai eu un flashback d'un événement en 1965, quand j'ai emmené ma future- (maintenant ex-)femme Judy, à New York pour la première fois. Nous nous trouvions dans la station de métro, et quand le train est arrivé avec un son perçant Judy s'est raidie complètement. Elle a placé ses mains sur ses oreilles, a serré ses dents, a fermé les yeux et s'est tenue mal à l'aise et rigide, tandis que toutes les autres personnes dans la station vaquaient à leurs occupations comme si de rien était. Je lui ai demandé ce qu'il se passait et elle a dit: "Le bruit est trop fort pour mes oreilles. J'ai les oreilles sensibles. Je ne peux pas le supporter!" Chaque fois qu'un train arrivait, elle faisait la même chose. Cependant je me souviens qu'avec le temps, au fil des visites à cette ville, elle a arrêté de le faire. J'ai demandé à Tammy de rester au téléphone un moment (elle pensait, "Mais de quoi parle-t-il?") et j'ai couru dans le couloir vers le bureau de Judy et j'ai passé ma tête par la porte. Je lui ai demandé:

— Tu te souviens que tu avais cette terrible réaction au bruit des métros arrivant en gare et maintenant plus? Qu'est-ce qui a changé?

Judy a réfléchi un moment et a dit:

— J'ai décidé de ne plus y penser.

— Aah!

J'ai couru à nouveau vers le téléphone et j'ai raconté cette histoire à Tammy.

— C'est vraiment cool! a dit Tammy.

On a fini la conversation peu après.

Quelqu'un Aurait Dû Nous Le Dire!

Quand j'ai reparlé à Tammy un mois plus tard j'ai appris qu'elle avait complètement surmonté sa peur des piqûres. Elle a reçu ses injections et m'a dit que ce n'était pas grand-chose.

Que s'était-il passé?

Pour une raison ou une autre Tammy avait réalisé que sa peur des piqûres était juste une pensée qui semblait "réelle" dans le moment mais qui en fait n'était que quelque chose qu'elle inventait dans sa tête. Les pensées de Tammy au sujet des piqûres ont changé, comme les pensées de Judy au sujet du bruit de métro avaient changé. Par conséquent leurs expériences de ces événements avaient changé.

Notre pensée est notre expérience de la vie. Notre pensée est notre vie.

Fière d'elle, debout au sommet de la montagne, Lisa ne pouvait pas croire ce qu'elle avait accompli. Elle ne pouvait pas imaginer pourquoi elle avait pensé que ce serait impossible ni pourquoi elle s'était refusée cette expérience pendant toutes ces années. Lisa s'est rendue compte que la seule chose qui l'avait empêchée d'escalader les montagnes était sa propre pensée. Maintenant que ses pensées étaient différentes, son expérience de sa vie était différente.

Est-ce que ça pourrait être aussi simple?

Oui!

C'est ce qui est tellement incroyable. C'est tellement simple que nous n'avons pas été capables de le voir parce que c'est trop proche de nous.

Plus haut j'ai dit que Lisa avait arrêté de prendre ses antidépresseurs et que sa "dépression saisonnière," qui avait eu un tel impact sur elle auparavant, n'en avait plus que très peu. Comment l'expliquer? Aucun des nombreux psychiatres qu'elle avait vu au fil des ans n'avait pu l'aider à arrêter les médicaments. Mais quand sa pensée a changé, quand elle a vu réellement la création de sa propre expérience par son propre pouvoir de la Pensée, quand elle a vu son expérience de la vie comme provenant d'elle-même, elle a changé, et sa chimie corporelle a changé avec elle.

Je ne dis pas que cela se passe toujours comme ça. Je ne dis pas que les gens peuvent changer leur chimie corporelle en pensant activement. Je dis que quand les gens ont une prise de conscience concernant la source réelle de leur expérience d'une magnitude suffisante, des miracles peuvent se produire. Si je ne l'avais pas vu tellement souvent de mes propres yeux peut-être que je ne le croirais pas: des alcooliques et toxicomanes qui arrêtent d'utiliser l'alcool et les drogues et se voient comme "guéris" plutôt que "en rémission"; des gens avec un comportement criminel qui arrêtent de commettre des crimes; des gens tellement stressés qu'ils se rendent fous qui vivent maintenant avec sérénité; des relations qui se détérioraient et maintenant le couple est plus heureux que jamais. Si je n'avais pas vu cela de mes propres yeux...

Une façon de comprendre la Pensée est par l'exemple des pissenlits. J'ai compris cela en tondant ma pelouse remplie de pissenlits. La pensée m'est passée par l'esprit que c'est curieux à quel point les pissenlits sont vus différemment par différentes personnes. Au Vermont il y a tellement de pissenlits qu'ils peuvent envahir tout un champ et lui donner une couleur jaune dorée intense. En contraste avec le vert émeraude c'est assez beau, du moins c'est ce que je pense. J'adore les pissenlits, sauf quand j'essaye de tondre ma pelouse et que le couteau n'est pas assez tranchant et laisse des morceaux de pissenlit.

Quelqu'un Aurait Dû Nous Le Dire!

Chez quelqu'un pour qui une belle pelouse est importante le pissenlit est un cauchemar. Pour une personne qui fabrique du vin de pissenlit c'est une ressource. Pour l'herboriste le pissenlit est une bénédiction. Pour certains c'est une fleur, pour d'autres une mauvaise herbe. D'autres personnes se fichent des pissenlits. Qu'est-ce qui fait la différence dans la façon dont les gens appréhendent les pissenlits? La pensée et seulement la pensée.

Je ne dis pas que les pissenlits n'existent que si on y pense. Bien entendu ils existent! Bien-entendu ils sont réels. Je dis que les pissenlits n'existent pas *pour nous* à un moment précis *sauf* si on y pense. Je dis que *la façon* dont on pense aux pissenlits détermine notre expérience des pissenlits. Puis on vit avec notre expérience, quelle qu'elle soit.

Si nous voyons la beauté de cette fleur qui couvre les champs d'or on soupire en pleine admiration. Si nous voyons l'utilité de cette fleur abondante nous apprécions ce qu'elle peut faire pour nous. Si nous la voyons comme une mauvaise herbe, on la maudit. Le même pissenlit peut être une belle ou une triste expérience. Tout cela est dû à la façon dont on y pense. Le même pissenlit!

Qu'est-ce qui détermine la façon dont on y pense? Pourquoi est-ce que certaines personnes ont une perspective et d'autres une toute autre?

Parce que nous avons des pensées ou croyances plus profondes cachées qui déterminent notre pensée (et donc notre expérience) des pissenlits. Il se peut que les gens avec les belles pelouses aient l'arrière-pensée qu'une belle pelouse est d'une importance capitale. Quel que soit la raison, il se peut que cette personne ne se rende même pas compte ou ne remarque même pas qu'elle a cette croyance. Mais quand elle voit un pissenlit elle le regarde à travers cette croyance (à travers ce filtre) et cela détermine son expérience du pissenlit. La personne avec la pelouse pensera que le pissenlit la dérange parce qu'il interfère avec le filtre de belle pelouse par lequel elle regarde. Mais le filtre par lequel elle regarde est auto-créé aussi. Elle l'a inventé! Elle ne se rend pas compte qu'elle a une expérience désagréable seulement à cause de ce qu'elle a inventé. C'est ce qu'on fait avec nos enfants. C'est ce qu'on fait avec nos voisins. C'est ce qu'on fait avec notre conjoint. C'est ce qu'on fait avec nos associés. Nous avons un ensemble de pensées sur ce qui est important dans la vie (peu importe où nous les avons trouvées), puis on regarde le monde à travers ce filtre et voyons une vision déformée du pissenlit, de la personne ou de la situation. Cependant le filtre n'est pas la réalité; ce n'est qu'une illusion qu'on a créé par inadvertance, avec le pouvoir de la Pensée.

Souvent nous permettons à quelqu'un de nous rendre fous parce que nous avons créé par inadvertance l'illusion de comment les gens devraient être pour nous. En d'autres mots, *nous créons notre propre misère par ce que nous avons inventé*, seulement nous ne nous en rendons pas compte.

Réaliser cela, réaliser ce qu'on s'inflige à nous-même peut nous rendre très humbles. D'habitude réaliser cela nous donne envie de prendre nos pensées moins au sérieux.

Du moins c'est l'effet que ça a sur moi.

Nous sommes assis dans une voiture arrêtée dans le trafic à côté d'un grand camion. Tout ce que nous pouvons voir à travers la vitre est un mur de camion. Soudainement nous reculons! Nous paniquons et freinons. Seulement, nous ne reculons pas; nous sommes arrêtés. Le camion avance, mais nous avons l'illusion que nous bougeons. C'est la pensée. Nous paniquons et freinons parce que la Conscience nous donne une expérience *réelle*, sensorielle de nos pensées. Nous jurerions que nous bougeons, jusqu'à ce que nous constations que nous ne bougeons pas. C'est notre propre pensée qui créé "notre réalité."

Je sortais de ma chambre de motel près de Détroit, valise dans une main, banjo dans l'autre, et ma voiture n'était pas sur le parking. "Non de....?" Peut-être qu'elle n'était pas où je pensais l'avoir garée. J'ai marché tout autour du parking. Elle n'était pas là. Non loin de l'endroit où je pensais m'être garé j'ai vu une voiture un peu plus bleue que la mienne et un peu plus longue que la mienne, mais ce n'était pas la mienne. Donc j'ai fait à nouveau un tour du parking. Je ne pouvais pas la trouver. J'ai fait le tour une troisième fois et toujours rien. Je ne pouvais pas y croire. Pour une raison ou une autre je n'ai pas paniqué. Je pensais que c'était intéressant. Puisque j'étais en tournée promotionnelle pour mon livre et je devais aller à une session de dédicace un peu plus tard ce jour-là je me demandais comment j'allais faire. Je n'avais pas encore rendu mes clefs, j'ai donc déposé mes bagages à la réception et j'ai décidé de retourner dans ma chambre et de reprendre mes esprits. En montant les escaliers vers le premier étage j'ai mis la main dans la poche de ma veste pour prendre mes clefs de voiture. Elles n'étaient pas là!

J'avais le souffle coupé: "Mon Dieu, je me demande si je les ai laissées dans la voiture hier soir, et quelqu'un a volé ma voiture!"

Instantanément je me suis souvenu de quelques individus très bruyants dans la chambre à côté de la mienne hier soir tard quand j'essayais de dormir. Ils étaient partis tôt ce matin-là, en disant:

— Dépêchez-vous! Chut! Vite!!

Je pensais: "Oh non! Peut-être qu'ils ont volé ma voiture!"

Je suis rentré dans la chambre et j'ai vu immédiatement mes clefs de voiture sur le lit. Autant pour cette théorie! Déconcerté, j'ai regardé par la fenêtre qui donnait sur le parking et j'ai vu une voiture avec un autocollant sur la vitre arrière, juste comme celui que ma fille avait collé sur la mienne. Je pensais: "Ooh, ça c'est intéressant." Ce qui était encore plus intéressant, c'est que la voiture avait également une plaque verte et, quelle coïncidence, c'était une plaque du Vermont, et, oh mon Dieu, elle avait le même numéro de plaque que moi et, oh oui, c'était ma voiture! J'ai descendu les escaliers en courant, et, évidemment, ma voiture était juste là où je l'avais laissée. Ce devait être la voiture qui m'avait semblé un peu plus bleue et plus longue que la mienne.

Il y a quelques explications possible: 1) Je me trouvais dans une distorsion temporelle, comme dans *Star Trek*. 2) Quelqu'un avait volé mes clefs de ma poche, couru vers ma voiture, conduit vers le magasin et était revenu tellement vite qu'il avait pu remettre les clefs sur mon lit sans que je ne m'en aperçoive. 3) Je me trouve dans le premier stade d'Alzheimer. Plus logiquement, pour une raison quelconque ma voiture ne se trouvait pas dans ma conscience quand je suis sorti de ma chambre ce jour-là et par conséquent elle n'existait pas pour moi à ce moment. Ma voiture (le fait qu'elle était là) n'était pas dans ma pensée. Quand bien même je pensais à trouver ma voiture je n'avais pas de pensées de la présence de ma voiture; par conséquent ma voiture n'existait pas pour moi. Ceci est un exemple parfait des pouvoirs de la Pensée et de la Conscience en action me donnant mon expérience. Bizarre mais parfait.

Comme Lisa avec la montagne, Tammy avec les piqûres et moi avec ma voiture, tous ces exemples démontrent comment notre pensée est notre seule expérience de la vie. Notre pensée est notre vie.

2

La Sagesse est Toujours Disponible pour Nous Guider Si Nous Savons Comment y Accéder

Un avertissement: Quelques personnes m'ont dit qu'elles étaient mal à l'aise en lisant l'histoire qui suit. Il est intéressant de constater que, en illustration parfaite de ce que j'explique dans le précédant chapitre, d'autres n'ont ressenti aucun inconfort. D'autres encore ont eu des prises de conscience importantes après avoir lu cette histoire. Le fait est que cette histoire s'est déroulée exactement comme je l'ai décrite. J'ai décidé de ne pas l'édulcorer.

Une femme nommée Diane m'avait envoyé un e-mail pour me dire combien elle appréciait mes livres et que les Trois Principes l'avaient tellement aidée que sa vie était "99,9% meilleure". Seule une chose l'empêchait d'être 100% bien dans sa peau.

Je lui ai répondu par e-mail:

— Quoi donc?

Elle a répondu par écrit qu'elle avait une liaison depuis 5 ans et que c'est ce qui la gardait dans un état qui n'était pas parfaitement équilibré.

Je lui ai répondu:

— Il me semble que vous souffrez.

Elle a répliqué:

— Oh mon Dieu, je ne peux pas le croire! Je ne m'étais pas rendue compte que je souffrais, mais je souffre. Ce que vous avez dit m'a fait changer d'avis à ce propos et je sais maintenant que je dois cesser cette relation. J'y mets fin tout de suite.

Quelques jours plus tard j'ai reçu un autre email de sa part:

— J'y ai mis fin. Tout va bien.

Quelques jours plus tard elle a écrit à nouveau:

— En première instance l'homme avec qui j'avais une liaison l'a bien pris, mais après il m'a écrit une longue lettre déchirante qui m'a vraiment troublée.

Il se trouve que j'avais l'opportunité d'être dans la ville du Midwest où elle vivait pendant la tournée de promotion de mon livre. Je lui ai demandé si elle était intéressée par une session de coaching à cette occasion. Elle a accepté.

Quand je suis arrivé dans cette ville je l'ai appelée et on s'est mis d'accord sur un endroit pour nous rencontrer. C'était une belle journée donc elle a suggéré un beau parc, ce qui me paraissait parfait. Quand je suis arrivé à notre point de rendez-vous elle avait changé d'avis et a proposé d'aller dans un autre parc, pas aussi beau mais plus proche. Cela n'avait pas d'importance pour moi.

On s'est installé à une table de pique-nique. Immédiatement Diane a commencé à parler très rapidement, me disant qu'elle avait mis fin à la liaison, mais qu'elle s'était retrouvée entraînée dans une autre.

Oh! J'ai secoué la tête. C'était presque trop difficile à suivre.

Diane était au milieu de la quarantaine. Elle m'a raconté spontanément qu'elle avait été abusée sexuellement pendant de longues années et était en piteux état à cause de cela. Récemment elle avait passé beaucoup de temps dans la salle de sport à s'entraîner et elle avait perdu dix kilos. Elle s'habillait de façon provocante pour le montrer. Il était facile de voir qu'elle voulait que les hommes la remarquent. Apparemment cela marchait parce qu'à la salle de sport ce nouveau type avait été attiré par elle. Ils étaient sortis ensemble, puis ils avaient commencé à coucher ensemble.

Pendant que je l'écoutais profondément, quelque chose m'a dérangé. Je ne pouvais pas mettre le doigt dessus. Je ne connaissais pas Diane, mais elle me semblait très mal à l'aise. Il se passait quelque chose qu'elle ne me disait pas. J'ai continué à écouter. Elle m'a dit que ce nouveau type lui donnait des conseils sur comment se comporter avec son mari.

Je lui dis:

— Diane, soyons clairs, le type avec qui tu as une liaison te donne des conseils matrimoniaux?!

Elle a répondu:

— Oui, parce que je ne sais pas quoi faire avec mon mari. Notre vie sexuelle n'est pas épanouie du tout. Je pense que mon mari est homosexuel. Je l'aime comme un ami mais il n'y a pas de réelle intimité dans notre relation.

Il était difficile pour moi d'un placer une.

— Diane, ralentissez. Revenons en arrière et prenons une chose à la fois. D'abord, est-ce que vous pensez que ce type est vraiment en position de vous donner des conseils sur votre mariage? Il a une liaison avec vous! Pensez-vous vraiment que ces deux choses soient compatibles?

Diane regardait l'air penaud.

— Je ne comptais pas vous le dire, mais il est là.

— Comment?

— Il est assis dans une voiture là-bas et nous regarde pour s'assurer que tout aille bien.

— C'est une blague, non?

— Non. Il est là.

— Diane, s'il vous plaît! Pensez-vous vraiment pouvoir accomplir quoi que ce soit pendant que vous êtes distraite parce que ce type est ici?

— Non.

— Vous devez lui demander de partir.

— Je ne peux pas faire ça.

— Pourquoi pas?

— Juste parce que je ne peux pas.

Je pensais, "Si tu ne le fais pas ma petite, cette session est terminée." Je veux dire, il est déjà assez flippant de penser qu'on se fait espionner. En plus, je ne connaissais pas ce type, et elle ne le connaissait que depuis deux semaines. Pour autant, il pouvait être dangereux. Mais je ne voulais pas l'alarmer avec cette pensée; et je voulais qu'elle arrive à ses propres conclusions.

Je lui ai dit:

— Écoutez, qu'est-ce que votre sagesse vous dit de faire à ce sujet?

— Je ne peux pas lui dire. Je ne suis pas comme ça.

— Ce n'est pas ce que j'ai demandé, et si, vous pouvez. Vous savez que c'est vrai. Il est là-bas à vous espionner. Je répète, qu'est-ce que votre sagesse vous dit de faire à ce sujet?

Diane a réfléchi un moment puis elle a dit en soupirant:

— Je suppose que je dois lui dire de partir.

— Vous avez raison, et s'il ne part pas quand vous le lui demandez, cela vous dira beaucoup à son sujet, non?

— Oui.

Je l'ai préparée un petit peu à ce qu'elle pouvait dire s'il ne partait pas, et elle s'est levée et est allée vers lui pour le lui dire.

J'ai gardé mes yeux fixés sur la table en face de moi, espérant que ce type ne ferait rien qu'on pourrait tous regretter. Apparemment, je n'avais pas écouté ma propre sagesse quand j'avais accepté de rencontrer cette femme étrange dans un parc.

Après quelques minutes Diane est revenue et a dit:

— Je lui ai dit de s'en aller.

Elle était contente d'avoir suivi sa sagesse et contente d'avoir été assez forte pour le faire.

J'ai répondu:

— Bon, je savais que vous pouviez le faire.

— Mais il a dit quelque chose de vraiment bizarre à la fin.

— Qu'a-t-il dit?

— Il a dit, 'Tu sais que tu vas penser à moi, que je parte ou non.'

Je me suis redressé.

— Diane, que pensez-vous qu'il essaie de vous dire? Cela ne vous semble pas un peu suspect?

— Oui.

Elle a regardé dans la direction d'où il était auparavant.

— Vous savez quoi? Je pense qu'il a juste bougé vers une autre partie du parc. Je ne pense pas du tout qu'il soit parti parce qu'il doit passer par ici pour sortir, et je ne l'ai pas vu passer.

Par contre elle ne pouvait pas voir où il était parti.

— Pensez-vous que ce soit un problème? Serez-vous capable de vous concentrer?

— Oui. Je le connais. Il ne va pas causer de problèmes.

— Bien, mais comme je vous l'ai dit, s'il n'est pas parti après que vous le lui ayez demandé cela vous dit quelque chose sur lui, non?

— Je sais.

Nous avons marché vers le centre d'une plaine loin de toute voiture et d'où nous pouvions voir approcher n'importe qui. Diane a recommencé à parler rapidement sur ce qu'elle avait appris du livre de Richard Carlson, *You Can Be Happy No Matter What*, et comment cela l'avait aidée.

J'ai dit:

— Vous savez quoi? Ce que vous savez m'importe peu. Je suis heureux que le livre vous ait sorti de votre dépression, mais ce qui compte maintenant c'est ce que vous devez savoir d'autre pour vivre avec plus de bien-être. En plus, le bonheur c'est surfait. Ce que vous voulez vraiment c'est la sérénité.

Diane est devenue silencieuse pour la première fois. Elle a hoché la tête et a dit avec mélancolie:

— Oui, c'est ce que je veux.

J'ai dit doucement:

— C'est à portée de main pour vous, vous savez?

— Que voulez-vous dire?

— La sérénité est innée pour nous. La seule chose qui peut nous empêcher de la ressentir c'est notre propre pensée. Nul besoin de penser quelque chose pour être en paix avec soi-même. A vrai dire, quand nous ne pensons à rien nous avons automatiquement la sérénité.

Je lui ai dit que nous avons deux voix à l'intérieur de nous: notre voix de la sagesse qui parle doucement, et notre pensée habituelle (nos habitudes de pensée typiques, quotidiennes) qui parle fort. On choisit la voix que l'on veut écouter. C'est très tentant d'écouter la voix forte.

— Oui, je dois essayer de laisser tomber ces pensées. Je dois essayer d'atteindre un état de tranquillité.

— Ce n'est pas vraiment ça. C'est savoir quelle voix nous parle à chaque instant, et vraiment savoir laquelle il est bon d'écouter et laquelle ne l'est pas. On décide pour nous-mêmes à laquelle on donne le pouvoir. C'est tout. La voix de l'habitude continuera à nous parler. Elle continuera à demander notre attention, mais si nous savons que l'écouter ne va pas nous être utile, nous sommes en position de décider si on l'écoute ou non.

Cela sembla calmer Diane. Elle dit:

— Je vous remercie beaucoup! Je ne veux pas vous retenir trop longtemps. Je me sens tellement mieux.

Je lui ai dit:

— Attendez, il y a encore une chose que nous devons gérer. Il y a votre sérénité en général, mais il y a aussi votre situation immédiate. Le fait que votre situation reste non-résolue dans votre esprit signifie que vous allez continuer à y penser, et cela va être un obstacle pour votre sérénité. Ne voulez-vous pas recommencer avec une ardoise propre?

Elle n'avait pas parlé à son mari de ces deux liaisons.

Je lui ai demandé:

— Aimez-vous votre mari?

Elle m'a donné un "Oui" immédiat. Elle avait deux enfants. L'aîné était sourd et très gentil, il avait treize ans. Le plus jeune de sept ans, était très colérique. Apparemment il y avait beaucoup de disputes dans leur maison.

Diane songeait tristement:

— Je vais peut-être devoir quitter cette relation.

— Regardez, si vous l'aimez, il y a là une fondation solide. Mais qu'est-ce que votre sagesse vous dit sur comment votre relation avec votre mari peut évoluer si vous êtes impliquée dans ces liaisons et il y a toujours quelque chose que vous lui cachez qui vous hante?

Elle soupirait:

— Je dois vraiment quitter cette liaison complètement.

— Vous voyez, ça c'est votre sagesse qui vous parle maintenant. Pouvez-vous entendre la différence entre les voix?

— Oui. Je sais que je dois en finir avec ce type immédiatement.

— Et puis il y a le fait que votre mari ne sait pas, et que vous gardez ce secret et le cachez.

— Je sais. Je dois le lui dire.

On a parlé de comment il pourrait réagir.

J'ai dit:

— Et il y a une troisième chose.

Diane et son mari semblaient avoir une relation d'amitié solide, mais elle avait dit qu'elle pensait qu'il pouvait être homosexuel. L'était-il vraiment? Et s'il n'était pas intéressé par elle sexuellement? Il était évident que le sexe était très important pour Diane.

J'ai demandé:

— S'il est homosexuel, comment pensez-vous qu'il réagirait si vous obteniez une satisfaction sexuelle autre part?

— Hors de question! Il est un luthérien strict. Il ne pourrait jamais accepter cela.

— Bon, mais qu'en est-il de sa sexualité? Que fait-il?

— Il obtient sa satisfaction en allant sur le net regarder des hommes nus, et il s'est fait percer le pénis et ce genre de choses.

— Donc il a des besoins en dehors de votre relation; en fait, en dehors de lui-même.

— Oui.

— Et vous?

— Eh bien, j'ai plein de jouets érotiques.

J'ai réfléchi, "Oh, c'est un monde dont je ne connais rien. En fait, je ne veux rien en savoir." Donc j'ai dit:

— Regardez: s'il y a une base solide dans votre relation, que tout est honnête et que vous mettez tout sur la table, votre sagesse ne vous dit-elle pas que vous pourriez vous mettre d'accord à ce sujet?

— Oui. Mais comment?

— Votre sagesse vous le dira si vous vous calmez. Une possibilité est que vous pourriez faire un réel effort pour écouter votre mari attentivement afin de pouvoir voir son monde comme il le voit lui et être fascinée par ce qui pourrait l'inciter à vouloir faire ces choses. Puis il pourrait faire la même chose pour vous. Lorsque vous êtes tous les deux en mesure de percevoir l'univers de l'autre, vous avez une chance de vous mettre d'accord sur ce que vous pourriez faire ensemble pour rendre votre relation satisfaisante pour vous deux.

— Oui, cela est vraiment, vraiment important pour nous.

— Quelle voix vous parle maintenant?

— C'est absolument ma sagesse.

— Alors vous savez comment sonne la sagesse. Vous savez quoi faire. Elle est toujours là pour vous guider. Vous ne pouvez pas vous tromper si vous l'écoutez.

Diane a eu les larmes aux yeux et m'a remercié avec profusion. Notre session s'est terminée. Elle est allée regarder si ce type était toujours dans le parc, et je m'en suis allé.

Plus tard j'ai appris qu'il n'avait pas quitté le parc. Cela a mis fin à l'histoire. Diane a terminé la liaison. Elle a parlé à son mari de sa liaison, et ils ont commencé un processus de guérison.

Quand il s'agit de sagesse nous avons toujours un choix: on peut l'écouter ou pas.

Heureusement, nous ne sommes pas à la merci de notre propre pensée. Si le pouvoir de la Pensée est un don créatif qu'on peut utiliser comme on veut , et si le pouvoir de la Conscience est un don qui fait sembler réel pour nous ce que nous pensons et qui nous donne l'expérience de ce que nous pensons, alors d'où viennent ces pouvoirs ou dons phénoménaux? Ils viennent de quelque chose que l'on pourrait appeler "Esprit Universel". L'Esprit est le troisième (en fait, le premier) de *Trois Principes** (Esprit, Conscience et Pensée) qui fonctionnent ensemble pour créer notre expérience de la vie. Je ne parle pas de nos propres petits 'esprits' ici. Je parle de quelque chose d'immensément plus grand que nous, qui coule à travers nous. Je parle de la force ou de l'énergie qui nous garde en vie. C'est un mystère, mais c'est l'énergie derrière toute forme de vie qui semble avoir une certaine intelligence. Je parle de quelque chose dont nous sommes une toute petite partie: une énorme Intelligence ou Esprit, l'Énergie de Toute Chose. Si vous n'aimez pas le terme "Esprit" appelez-le comme vous le voulez. Peu importe.

Ce qui compte c'est que nous sommes des petits morceaux de cette énergie informe, universelle qui coule à travers nous continuellement et n'arrête jamais. Elle ne peut pas arrêter, car c'est la force vitale même. Sans elle nous n'existerions pas. C'est un fait! Ce qui compte c'est que quand nous sommes en contact avec ce petit morceau d'Intelligence infinie, nous pouvons entendre la sagesse nous parler.

---

* Par "Principe," je veux dire l'essence du mot: "une vérité ou une loi fondamentale" qui existe comme un fait que les gens en soient conscients ou non. Par exemple, par cette définition, trois principes travaillent ensemble pour créer une note musicale d'un instrument à cordes: la tension de la corde, son épaisseur et sa longueur. En fonction de comment nous utilisons ces principes, nous obtenons des notes différentes. De façon similaire, L'Esprit, la Conscience et la Pensée sont les principes qui opèrent dans le monde psycho-sprituel pour créer notre expérience. En fonction de comment nous les utilisons, nous obtenons différentes expériences.

Alors, la sagesse comme je l'entends, ne vient pas vraiment de nous; elle passe à travers nous. La sagesse est quelque chose qui ne nous quitte jamais. Elle est toujours là, *accessible à tout moment*. La sagesse ne saurait disparaître que si l'Esprit lui-même devait disparaître, et cela est impossible parce que toute vie cesserait d'exister. Même si nous essayions d'échapper à notre sagesse, nous ne le pourrions pas.

Cela soulève une question: si tout le monde a cette sagesse, pourquoi la plupart des gens donnent-ils l'impression de ne pas en avoir?

Notre pensée obscurcit notre sagesse; en effet, c'est la seule chose qui peut le faire. Notre pensée couvre la sagesse comme un voile recouvre une belle sculpture. Même si nous ne pouvons pas voir la sculpture, elle est là. Notre pensée est le voile. Quand le voile est retiré de la sculpture, elle est visible pour tout le monde parce qu'elle a toujours été là. En cela, on peut avoir confiance. On peut avoir la même confiance en notre sagesse et notre Santé Innée.

Les pensées de Diane étaient tellement embrouillées qu'elle ne pouvait pas voir sa sagesse. Une fois que son esprit s'est dégagé sa sagesse est apparue. Elle avait toujours été là. Seulement elle ne pouvait pas l'entendre à cause du bruit dans sa tête.

Les deux voix, la sagesse et notre pensée habituelle, nous parlent sans cesse. On peut facilement remarquer la différence entre les deux. Si on écoutait attentivement on se rendrait compte que nos pensées habituelles sonnent comme des disques rayés. On a déjà eu ce type de pensées de nombreuses fois auparavant. Cette voix a tendance à nous posséder. C'est envoûtant. De l'autre côté notre sagesse vient avec un sentiment de "Oh oui, je vois!", "Aaah" ou "Ah, oui", un savoir solide au plus profond de nous-mêmes. Tout le monde a fait l'expérience des deux. La décision d'écouter l'une ou l'autre voix peut faire la différence entre vivre une vie remplie de bien-être ou une vie pleine de problèmes et difficultés. Tout ce que nous devons savoir c'est comment accéder à cette sagesse. [voir Chapitre 4]

Postscriptum: Le printemps suivant et puis le prochain Nouvel An j'ai reçu des emails de Diane, que j'ai résumé ici:

Devinez quoi Jack? J'ai enfin compris. Je vis maintenant pour aujourd'hui. Je me suis rendue compte " JE SUIS"…Je suis MAINTENANT. Dieu est, et a toujours été MAINTENANT. Je ne me fais plus de soucis à propos d'hier ou de ce qui va m'arriver demain ou à propos de «moi» en général. Je remarque que les couleurs sont plus vives aussi. Ma mauvaise habitude de rêverie a presque disparu. Quand je commence à penser à quelque chose qui n'est pas pertinent pour ce qui est important MAINTENANT, alors cela ne vaut pas la peine d'y penser. Cela m'apporte une plus grande lucidité ce qui me permet de mieux penser, et tout semble aller mieux. Aussi, j'ai arrêté de regarder les hommes pour voir s'ils me regardent. C'est cool. La vie est belle MAINTENANT. Et si elle ne l'est pas, le prochain moment le sera. Je suis libre!!! Libre finalement, et pour de bon…Je vous dis les choses comme elles sont et je n'omets rien. La vérité et rien que la vérité…Je suis libre de toute culpabilité, et je suis heureuse avec moi (parce qu'être une « gentille fille » est ce qui me fait sentir bien, forte et vraie). Je n'ai plus de fardeaux…je participe à un concours d'haltérophilie (mon premier) en Mars. C'est un nouveau début. Donc maintenant plus rien ne me dérange. C'est un miracle. Un merveilleux cadeau que j'ai reçu pour la Nouvelle Année. Je me sens tellement bien dans ma peau que s'en est presque exagéré. Je pense que je n'ai jamais été aussi belle. Je me sens merveilleusement libre à l'intérieur et cela se voit à l'extérieur. Je vis une vie saine. Jack, c'est chouette d'être content de soi, non?

L'Histoire de Maribel

Ce qui suit est la première d'une série d'histoires personnelles, écrites par des individus dans leurs propres mots, après que leurs vies ont changé grâce à l'approche des Trois Principes. Ces histoires sont dispersées entre les chapitres. Chaque histoire n'est pas nécessairement censée refléter le point du chapitre précédant; chaque histoire est plutôt censée démontrer ce qui peut arriver quand les gens ont des prises de conscience personnelles profondes à propos des points exposés à travers ce livre.

Maribel est quelqu'un qui travaille dans la construction et qui a suivi un atelier animé par Gabriela Maldonado et moi à Porto Rico. En plein milieu de l'atelier quelque chose s'est passé pour elle. Plus tard elle a écrit ceci:

À l'atelier «Vivre dans le Bien-Être», Jack a dessiné un cercle. Il nous a demandé de penser à un moment dans nos vies où nous étions dans notre bien-être, et il a écrit tous les sentiments positifs que nous avions ressenti à l'intérieur du cercle. Puis il a dessiné un autre cercle autour du premier, mais dans celui-là il a écrit nos pensées négatives. Il a expliqué que le cercle intérieur était plein de sentiments positifs qui sont innés, et les émotions négatives sont créées par nos pensées au cours de notre vie. Il a dit que les sentiments positifs ont toujours été là, et sont encore là. Nous ne devons pas les créer.

Soudainement il a écrit le mot "estime de soi" dans le cercle intérieur. J'ai senti une explosion d'énergie à l'intérieur de moi. Il n'était pas possible qu'une estime de moi positive ait toujours été là et était juste couverte par des pensées négatives! Et si je suis celle qui crée les pensées négatives, cela veut dire que je peux aussi les éliminer. Donc ce que je dois faire c'est éliminer les pensées négatives et les positives vont apparaître, ce qui crée une saine estime de soi.

Je ne pouvais pas croire qu'au cours des dix dernières années j'avais lu des livres de développement personnel, assisté à des séminaires, investi plein d'argent et de temps et je n'avais jamais trouvé une façon efficace pour faire face au problème d'estime de soi. Je ne pouvais pas croire que cela puisse être tellement "facile". Des sentiments d'étonnement, d'incrédulité, de honte, de colère, de culpabilité, de soulagement parcoururent mon corps entier.

J'étais tellement inquiète parce que je pensais que c'était ma responsabilité d'aider mon fils de 13 ans qui souffrait de problèmes liés à une estime de soi trop faible. Ce sentiment m'asphyxiait; je me faisais du souci jour et nuit parce que c'était très difficile pour moi de raisonner avec lui. Créer une estime de soi positive pour lui était comme construire un gratte-ciel, une tâche énorme, et je devais le construire vite parce que les choses étaient en train de tourner mal. Il avait même sauté d'un premier étage pour se sentir accepté par les jeunes de son âge.

Jack m'a raconté que son estime de soi positive avait toujours été là aussi, qu'il n'était pas nécessaire de construire quoi que ce soit. Je devais juste l'aider à se rendre compte d'où provenaient ses pensées négatives (de lui-même) et de libérer les positives. Je me sentais tellement soulagée et pleine d'espoir que je pouvais respirer à nouveau. Mais en même temps j'étais fâchée. Pourquoi personne ne m'avait dit cela plus tôt? Pourquoi mon fils avait-il dû tant souffrir? Je pensais que c'était une injustice, je ne savais pas comment j'avais pu être à ce point aveugle.

Je ne supportais pas ces sentiments, donc quand Jack a annoncé une pause pendant le séminaire je suis sortie du bâtiment et je suis partie me promener. Je marchais en essayant de me calmer et de me pardonner. Pour la première fois je pouvais comprendre ce qu'était l'écoute profonde et à quel point j'avais mal écouté. L'expérience de l'écoute profonde me permit de comprendre pourquoi mes enfants se plaignaient toujours que je ne les écoutais pas. Maintenant je sais qu'ils avaient raison. Je pensais au nombre de situations douloureuses que j'aurais pu éviter si seulement j'avais écouté ma fille. Elle a 17 ans maintenant mais sa sagesse dépasse son âge. Maintenant je sais qu'elle m'a donné de bons conseils, me parlant depuis l'âge d'un an et demi, mais puisqu'on dit aux adultes qu'ils sont plus sages que les enfants, je la sous-estimais. J'ai gaspillé 15 ans de sagesse intrinsèque d'un autre être humain.

Jack m'a aussi appris que ma relation tumultueuse avec ma fille n'était pas liée à son fort tempérament, ni au fait qu'elle soit bélier et moi balance, ni au fait qu'elle est active et que je suis calme, mais plutôt au fait que depuis qu'elle a deux semaines je me suis mis en tête qu'elle serait une fille forte, têtue et impatiente. Depuis, j'ai essayé de valider ma théorie. Et ainsi je ne pouvais pas comprendre quand les gens me disaient qu'elle était joyeuse, attentionnée et sage. J'avais commencé à penser qu'elle avait une double personnalité ou qu'elle avait une dent contre moi. Maintenant je sais que c'était un préjugé établi dans mon seul esprit.

Après le séminaire j'ai parlé à ma fille et je lui ai dit ce que j'avais appris. Je l'ai prise dans mes bras et l'ai remerciée d'avoir été si patiente avec moi. Elle était heureuse. Jamais elle n'avait compris pourquoi je refusais d'admettre que des gens pussent aimer être avec elle, pourquoi je m'obstinais à penser qu'elle avait mauvais caractère. Maintenant je suis pleine d'espoir pour un nouveau départ.

Quelqu'un Aurait Dû Nous Le Dire!

Après le séminaire je suis allée sur la plage pour penser et organiser toutes mes nouvelles connaissances. Je voulais voir comment ces expériences pourraient changer ma vie et celle de ceux autour de moi. Je me suis fait la promesse que j'appliquerais tout ce que j'avais appris jour après jour pour être capable de dépasser certaines circonstances.

C'est comme un baptême, une purification de mon âme, un nettoyage de toutes les pensées négatives que j'avais à l'intérieur. J'ai commencé une nouvelle vie. J'étais une autre personne. Quand je vois des photos de quand j'étais plus jeune, je vois le même corps, mais une autre personne. Je ressens même de la pitié pour la femme que je vois sur ces photos, car je sais à quel point son existence n'est que souffrance, manque et gâchis. Je sais qu'il est impossible de revenir en arrière. C'est un chemin que j'ai déjà parcouru; au plus profond de moi-même je ne veux pas le reparcourir. Je veux être heureuse, j'y ai droit, je vais me "battre" pour cela, et je vais suivre le chemin de mon âme parce que je suis venue sur terre pour suivre la lumière, la source d'énergie de l'amour.

3

Une Personne Ne Peut Changer Que Si Sa Pensée Change

Pour une raison quelconque les êtres humains semblent toujours vouloir changer les autres, en particulier ceux auxquels ils tiennent le plus. On peut essayer de changer les autres jusqu'à s'en rendre malade, mais c'est impossible.

On dit à nos enfants un million de fois, "ramasse ceci, range cela" et la prochaine fois qu'on passe dans la pièce ce n'est toujours pas ramassé ni rangé. Bien entendu, on pourrait les forcer ou les punir ou leur en faire subir les conséquences. Toutefois, ce n'est pas le but. Nous aurions voulu changer leur comportement, nous leur avons dit ce que nous voulions, ils nous ont entendus, et rien n'a changé. Ceci est déconcertant.

Ce n'est déconcertant que parce que nous ne sommes pas dans leurs têtes. Si nous étions dans leurs têtes nous verrions que malgré le fait qu'on ait dit "ramasse ceci, range cela" rien n'a changé dans leur façon de penser. Aussi longtemps qu'ils pensent la même chose ils vont laisser traîner leurs affaires. S'ils pensent de la même façon, ils n'ont pas d'autre choix que de faire la même chose. Nous ne pouvons faire que ce que notre propre pensée nous dit de faire.[*]

---

[*] Même si quelqu'un pointe une arme sur nous, en fin de compte nous décidons avec notre propre pensée si nous faisons ce qu'il dit ou si nous disons, "Je préfère mourir."

Quelqu'un Aurait Dû Nous Le Dire!

Un prédateur sexuel est arrêté et jeté en prison. Il reçoit un traitement et retourne à la maison. Nous attendons-nous à ce que son comportement ait changé? Je garantis que son comportement ne changera pas *sauf* si sa pensée a changé. Je garantis qu'il ne commettra aucun autre acte nuisible *si* sa pensée est alignée avec sa sagesse. Ce délinquant a une chance de changer si il peut être aidé à voir comment il utilise son propre pouvoir de la Pensée pour créer la façon dont il se voit lui-même, pour créer comment il voit sa "victime," pour créer comment il voit la situation, pour créer comment il voit la vie (et puis il pense, ressent et agit en conséquence). S'il ne comprend pas cela, ce qu'il voit est *réel* pour lui et il n'a pas d'autre choix que d'agir en réaction ou de se battre contre la réalité qu'il voit. Si nous sommes capables de l'aider à voir que ces choses auxquelles il se sent obligé de réagir ne sont *pas la réalité* mais ont été inventées par inadvertance par sa propre pensée, nous avons une chance de l'aider à changer son comportement. Son comportement ne peut changer que s'il voit avec un nouveau regard. Sinon, nous abandonnons la possibilité de son changement à la chance. *Un changement de pensée est la seule chose qui peut fonctionner pour changer un comportement.*

Ceci est vrai pour nous tous.

Si nous avons un trouble du comportement alimentaire il se peut que nous nous fassions du souci par rapport à notre poids ou notre apparence. Si notre pensée par rapport à notre relation à la nourriture, à notre poids et à notre apparence ne change pas, nous pouvons faire des régimes pour le restant de notre vie mais nous retournerons sans cesse à ce que notre pensée nous dicte. C'est garanti!

Une personne ne peut changer que si sa Pensée change

Supposons que nous souhaitions changer la manière dont notre compagnon nous traite dans une relation. A moins que la pensée de notre compagnon ne change, notre compagnon ne changera jamais. Même si nous n'avons qu'une légère irritation par rapport à quelque chose que notre compagnon fait, peut-on vraiment s'attendre à ce que son comportement change si sa pensée ne change pas?

Dans ma famille j'ai grandi en devant faire la vaisselle mais je ne devais pas nettoyer le plan de travail. Quand je terminais la vaisselle ma tâche s'achevait, et je pouvais faire ce que je voulais. J'ai continué à penser comme cela dans mon mariage. Faire la vaisselle ne me posait aucun problème parce que cela faisait partie de ma pensée. Nettoyer le plan de travail non. Peu importe à quel point mon ex-femme Judy aurait aimé que je nettoie le plan de travail, à moins que quelque chose dans ma pensée ne change, je ne pensais pas à le nettoyer. Quand j'avais terminé la vaisselle elle devait me rappeler de le nettoyer ou ce n'était pas fait, sauf si elle le nettoyait, ce qu'elle devait faire régulièrement. J'aurais voulu m'occuper du plan de travail (pour elle) mais je n'y pensais jamais. Elle pensait que j'étais incapable de bien nettoyer la cuisine.

Graduellement, parce que je commençais à voir la sottise de mon comportement, je commençais à être plus conscient du plan de travail, et parfois je me surprenais à remarquer le plan de travail après avoir terminé la vaisselle. Pas toujours, mais parfois. Graduellement, ma pensée commençait à changer à propos de l'importance d'un plan de travail propre. Je ne sais pas exactement comment cela s'est produit.

Judy a grandi dans une famille où elle était responsable pour la cuisine et le ménage pour toute sa famille, ses parents et leurs

dix enfants. Parce qu'elle était la fille aînée de la famille la responsabilité lui incombait. Elle se considérait comme ayant terminé
dans la cuisine quand tout était récuré et brillant et qu'elle avait
retiré la bonde de l'évier et l'avait posé sur son côté. Cette façon de
penser l'a accompagnée au cours de notre mariage.

Cette étrange habitude de ne pas vouloir remettre la bonde dans
l'évier me déconcerte, parce que plus tard quand les gens rincent une
assiette et que la bonde n'est pas remise en place, je finis par devoir
enlever les déchets du tuyau d'évacuation avant de pouvoir remettre
la bonde et faire la vaisselle. Cela n'a pas de sens pour moi. Mais peu
importe le nombre de fois que j'ai expliqué cela à Judy, ça n'accrochait
pas (littéralement) parce que cela faisait partie de sa façon de penser
que quand elle avait fini avec la cuisine et que tout était propre, la
preuve était la bonde déposée sur son côté dans l'évier.

Cela m'énervait beaucoup. Une fois que j'eu compris le pouvoir
de la Pensée je ne m'attendais plus à trouver la bonde dans l'évier.
À moins que Judy ait eu une prise de conscience, une révélation et
s'était mise à voir les choses comme moi cela n'arriverait pas.
Quand j'eus compris cela, cette histoire de bonde ne me dérangea
plus. J'ai commencé à trouver cela intéressant. J'étais fasciné par le
fait que la bonde de l'évier n'était jamais où elle était censée être et
que je devais toujours ramasser les déchets dans le tuyau d'évacuation de l'évier. J'ai commencé à penser que c'était drôle.

Ça avait mis Judy dans tous ses états que je ne nettoie pas le
plan de travail comme elle l'aurait souhaité. Ça m'avait mis dans
tous mes états de devoir toujours ramasser les déchets dans l'évier.
Nos pensées avaient formé nos points de vue respectifs; notre
façon de voir s'était enracinée dans notre pensée.

Est-ce que ça peut changer un jour? Bien entendu! Mais peut-être pas si facilement à cause de nos habitudes enracinées. Évidemment, ceci ne sont pas les problèmes les plus importants du monde (il semble même ridicule d'en parler), mais parfois des petites irritations s'accumulent et affectent les gens et avant de se rendre compte de ce qu'il se passe il y a un grand problème dans la relation.

Quand Judy et moi avons commencé à voir ce qu'il se passait, Judy passait derrière moi joyeusement et nettoyait le plan de travail quand j'oubliais, sauf si elle était de mauvaise humeur. Sauf si j'étais de mauvaise humeur, je savais joyeusement que j'enlèverais les déchets de l'évier avant de faire la vaisselle. Nous étions devenus joyeux à ce sujet parce que nous voyions tout cela comme anodin, et nous avons arrêté d'en faire une affaire personnelle. Après tout, est-ce vraiment un grand problème si un de nous passait quelques secondes de plus dans mon cas ou quelques minutes de plus dans son cas, à faire les choses comme nous aimerions qu'elles soient faites?

Nous aurions probablement pu changer si nous nous étions assis et avions eu une discussion à cœur ouvert sur l'importance du plan de travail et de la bonde. Si j'avais compris "le plan de travail" de la façon dont Judy le comprenait, ma pensée à ce sujet aurait changé, donc mon comportement aurait changé et le problème aurait disparu. Si Judy avait compris "la bonde" de la façon dont moi je comprends la bonde, elle aurait vu les choses comme moi, sa pensée aurait changé et le problème aurait disparu. Mais étant donné que nous ne voyions plus ces choses comme de grands problèmes, il ne semblait pas nécessaire d'avoir une discussion à cœur ouvert à ce sujet. Avec des choses plus importantes ça aurait pu être le cas. C'est intéressant pour moi que ces petites choses nous dérangeaient et puis plus. Pourquoi? Parce que je savais que quelque soit le problème, si la pensée de ma compagne ne changeait pas, son comportement ne changerait pas, et vice-versa.*

Est-ce possible de changer la façon de penser de quelqu'un? Non, c'est vraiment impossible. Les pensées des gens changent *seulement* quand ils ont une *prise de conscience* d'une magnitude suffisante, et on ne peut pas forcer quelqu'un à avoir une prise de conscience, même pas soi-même.

Les prises de conscience sont très mystérieuses; elles émergent d'elles-mêmes le moment venu, comme une bulle d'air qui monte à la surface de l'eau. Quand la bulle d'air atteint la surface elle éclate. Ça c'est une prise de conscience. Nous ne pouvons pas changer les autres parce que nous ne pouvons pas les forcer à avoir des prises de conscience, mais nous pouvons les mettre en condition pour avoir une chance plus élevée d'avoir des prises de conscience. [Plus à ce sujet dans le Chapitre 4.]

La plupart d'entre nous sommes attachés à notre propre pensée. Nous avons tous tendance à penser que notre façon de penser est la meilleure. Nous ne voulons pas en changer. Mais l'autre personne pense la même chose à propos de sa propre façon de penser. C'est ce que nous appelons des "réalités parallèles". Aucun de nous ne veut changer. Cependant, si ça pouvait créer une relation géniale, ne voudrions-nous pas être ouverts à autre chose?

---

* Notre divorce quelques années plus tard, n'avait rien à voir avec ce genre de problèmes mais bien avec l'écoute de notre propre sagesse.

Bruce est un spécialiste du marketing. Il avait travaillé comme spécialiste marketing pour deux ou trois différentes sociétés de restauration rapide. Il était tellement bon dans son job que les bénéfices avaient augmenté dans chacune des sociétés ou il avait travaillé. Bruce jouait un rôle clef dans la transition d'une petite société familiale en Californie vers une franchise qui avait connu une expansion vers de nombreux autres marchés. Quand la société avait atteint une ampleur suffisante les propriétaires avaient décidé d'émettre des actions. Dès lors ils se préoccupaient de ce que les actionnaires pensaient.

Après avoir monté pendant de nombreux trimestres, les bénéfices s'étaient arrêtés de croître soudainement. Bruce savait pourquoi. D'autres personnes dans la société avaient pris de mauvaises décisions. Il avait essayé de parler avec ses patrons mais les plus grands actionnaires pensaient que la stagnation des bénéfices était due au département marketing. Bruce était responsable du marketing. Sans que rien ne l'ait laissé présager Bruce s'est fait licencier. Ses patrons, avec qui il avait une excellente relation, avaient suivi les actionnaires. Ça n'avait rien de personnel, c'étaient les affaires, c'est tout.

Bruce était anéanti. Il avait l'impression que la société l'avait trahi. Il pensait que ça disait quelque chose sur lui. Il voulait tant être apprécié pour son travail. Au lieu de ça il était à la rue dans le monde impitoyable des affaires. Déchiré, il a commencé à perdre confiance en lui. Bruce était furieux sur ces anciens patrons et toute la société. Il est devenu terriblement stressé et cela affectait son comportement d'habitude tellement enjoué.

Parce que je connaissais Bruce et que je l'appréciais beaucoup, quand j'ai entendu ça je lui ai envoyé le vieil enregistrement de

Quelqu'un Aurait Dû Nous Le Dire!

George Pransky sur "le pardon".* À ce moment Bruce avait trouvé un job dans une autre société de restauration rapide et il devait déménager toute sa famille à peu près à l'autre bout du pays. Sa famille n'était pas enchantée, mais elle n'avait pas le choix.

Un jour Bruce m'a dit:

— Tu sais, écouter ces cassettes n'a vraiment eu aucun effet sur moi en ce qui concerne pardonner à cette autre société, mais soudain je regarde mon travail avec des yeux complètement différents.

Je n'avais aucune raison de douter de Bruce, mais je savais aussi que, bien qu'il soit un gars génial, il aimait beaucoup la compétition et quand il s'agissait de son boulot il était particulièrement motivé. Quand il croit que quelque chose est juste il y va avec passion jusqu'à ce qu'il obtienne ce qu'il veut. Il a vraiment confiance en ses capacités marketing et il sait que ses idées fonctionnent mieux que celles de la plupart des autres. Donc en dépit de ce que Bruce m'avait dit, je n'étais pas convaincu que sa pensée ait changé, jusqu'à ce que j'aille lui rendre visite. Il a décrit comment le président de sa nouvelle société prenait des décisions basées sur ce qui semblait être son intérêt personnel, ce qui ne semblait pas être la meilleure chose pour la réputation ou la rentabilité de la société. C'était un patron très impliqué qui avait le mot final sur tout. Les employés de cette société étaient en rébellion contre certaines de ses décisions, et pensaient qu'elles enverraient au gouffre cette société qui souffrait déjà.

---

* George Pransky est mon cousin et a été mon mentor pour comprendre cette approche des Trois Principes. Cet enregistrement fait partie de nombreux enregistrements qui peuvent ou non encore être disponibles sur www.pranskyandassociates.com.

Cependant quelque chose de bizarre s'était produit. Au milieu de ce conflit j'ai remarqué que Bruce était très paisible. Ses collègues venaient vers lui en s'arrachant les cheveux, lui demandant pourquoi il n'était pas affligé.

Bruce leur dit simplement:

— Regardez, il a décidé. Nous ne pouvons rien y faire. Nous avons essayé de le prévenir mais pour une quelconque raison il n'écoute pas. Il se peut que cela fasse couler cette société, mais notre job est de produire le meilleur produit que possible dans ces circonstances. Donnez-lui ce qu'il veut, et c'est comme ça. Nous n'avons aucun contrôle sur le reste.

Je ne pouvais pas en croire mes oreilles. Bruce était paisible! Il savait que le président faisait une erreur. Bruce était prêt à donner son opinion si on la lui demandait. Il défendrait son point de vue avec force. Mais une fois que le président avait pris sa décision, si cela ne plaisait pas aux employés ils pouvaient choisir de partir ou apprendre à vivre avec. Bien que Bruce fût convaincu que cette décision était mauvaise, il n'allait pas se laisser abattre. Par le passé, Bruce aurait enfoncé la porte du président afin de lui faire voir la lumière. Il savait aussi que d'autres avaient été licenciés pour l'avoir fait.

Bruce m'a dit:

— Je ne peux pas croire que je dise cela: Pourquoi se rendre malade à propos de choses qu'on ne peut pas changer? Cela n'a pas de sens.

Toute l'attitude de Bruce avait changé au sujet du boulot. Il ne prenait plus de responsabilité personnelle pour ce qui se passait dans la société, même si elle coulait. Il allait juste faire le meilleur travail qu'il pouvait quoi qu'il en advienne. Après tout, une fois que le président avait pris sa décision, à quoi cela servirait-il de continuer à discuter et de se faire virer? La décision serait prise de toute façon. Plus important encore, Bruce avait cessé de se rendre malade au sujet du travail quand il était à la maison. L'évolution de Bruce m'a stupéfié. Il était assez étonné lui-même.

La pensée de qui que ce soit peut changer grâce à une prise de conscience, peu importe à quel point il semble retranché dans son point de vue.

Nous ne pouvons être certains que d'une seule chose: quand notre pensée change, notre expérience de ce qui se passe change. La pensée de Bruce à propos de son job a changé. Avant ce changement il n'aurait jamais cru qu'il pourrait être si différent au travail. Une fois que sa pensée avait changé, son expérience au travail a changé naturellement en accord avec cela. Ses sentiments ont changé. Il était plus présent à la maison. Bruce a changé parce que sa perspective a changé, et la perspective c'est de la pensée.

C'est la seule façon dont les gens peuvent changer.

J'observe que la plupart des gens qui ont écrit à propos de la conscience au cours des années ont raté le lien entre la Pensée et la Conscience. Les deux sont par essence la même chose. Qu'est-ce qui pourrait élever notre niveau de conscience? Si nous ne comprenons pas son lien avec la Pensée, ceci est un mystère. Tout ce que nous pouvons faire c'est avoir recours à des techniques comme la méditation ou le yoga ou d'autres pratiques spirituelles pour tenter d'élever notre niveau de conscience. Mais si nous y regardons de plus près nous voyons que *notre niveau de conscience monte ou descend dans la mesure où la qualité de notre pensée augmente ou diminue.*

Pensez aux ceintures de sécurité. Quand les ceintures de sécurité sont apparues je n'étais pas conscient de leur intérêt. J'avais entendu des histoires de gens qui portaient leur ceintures de sécurité qui avaient été impliqués dans des accidents graves et ne pouvaient pas s'échapper parce qu'ils n'avaient pas réussi à détacher leur ceinture. Donc dans mon esprit, je n'allais pas porter de ceinture.

Je ne sais pas ce qui s'est passé mais au fil des années, j'ai commencé à me rendre compte que les situations où les gens avaient roulé en voiture et s'étaient retrouvés à l'envers dans une rivière et ne pouvaient pas sortir étaient assez rares, en comparaison avec les vies sauvées et les blessures évitées en portant la ceinture. Je ne m'étais même pas rendu compte que ma pensée à propos des ceintures avait évolué, mais c'était bien le cas. Avec cela ma conscience des ceintures a changé. Maintenant si je rentre dans une voiture et je ne mets pas ma ceinture je me sens nu, comme si il me manquait quelque chose. Les ceintures de sécurité sont maintenant ancrées dans ma conscience, ancrées dans ma pensée, et je ne dois pas faire le moindre effort pour y penser. Mettre ma ceinture est devenu automatique, mais c'est encore de la Pensée. Une pensée dont je ne suis même pas conscient me dit, "Mets ta ceinture." Cette pensée passe si vite et cela fait tellement partie de moi maintenant que je ne dois jamais y penser consciemment. Quand ma pensée au sujet des ceintures de sécurité a changé, ma conscience et mon expérience des ceintures a changé, donc j'ai changé par rapport aux ceintures.

Les alcooliques ont l'alcool en tête; donc l'alcool est dans leur conscience. Les alcooliques en rémission ont aussi l'alcool en tête, seulement une pensée différente y est rattachée donc ils ont une conscience différente, plus élevée de l'alcool. Il se peut qu'ils pensent encore beaucoup à l'alcool, mais ils pensent aussi, "Si je vais aux réunions A.A. chaque semaine (ou chaque jour) et si je contacte mon parrain quand j'ai du mal à tenir, tout ira bien."

Donc, tant qu'ils vont aux réunions et restent en contact avec leur parrain tout va bien. D'autres personnes n'ont pas l'alcool ou les drogues en tête; ils ne pensent même pas à l'alcool ou la drogue. Je suis une de ces personnes. Si quelqu'un me passe une bière je pourrais en boire mais je ne fais jamais le moindre effort pour en chercher. Les gens comme ça sont en paix par rapport à l'alcool et ont donc un niveau de conscience plus élevé grâce à une pensée différente. Mais il y a d'autres choses au sujet desquelles j'ai un niveau de conscience plus bas.

Tout ce que nous voyons dans ce monde fonctionne de la même façon. Notre niveau de conscience change avec notre pensée, et nous voyons le monde à travers ce filtre.

À tout moment la façon dont nous voyons n'importe quelle situation peut changer. Souvenez-vous, nous avons essentiellement imaginé ce que nous voyons; c'est une illusion de notre propre création. Quand nous réalisons vraiment que nous *l'inventons* nous changeons naturellement et notre niveau de conscience s'élève.

Je ne peux pas forcer quelqu'un à avoir une prise de conscience, mais je peux aider quelqu'un à voir ce que je vois sur la façon dont l'expérience est créée, si cette personne est assez ouverte pour écouter. Cela augmente les chances, pour cette personne, de changer. Les gens ne peuvent changer que si leur pensée change. Cela est vrai pour nous aussi. Si notre pensée change nous changerons, sinon c'est impossible.

4

Quand Notre Esprit Se Dégage Notre Sagesse Apparaît

Pendant que j'écrivais ma thèse de doctorat la pensée m'est soudainement venue à l'esprit, "Je ne suis pas en paix."

À cause de ce que je suis censé savoir ceci était assez déconcertant pour moi. C'est vrai, j'avais beaucoup trop à faire en beaucoup trop peu de temps. J'avais plein d'autres choses à gérer dans ma vie en luttant pour terminer ma thèse. J'avais une échéance.

Puis je me suis souvenu que j'avais fixé moi-même l'échéance. Je l'avais inventée! Ceci m'amusait. J'étais en train de me rendre fou avec une échéance que je m'étais fixée moi-même.

Cependant, je me demandais pourquoi je n'étais pas capable d'écrire cette thèse en toute sérénité. Cela m'intriguait. Je n'essayais pas de l'analyser ou de le comprendre; je savais que cela ne ferait qu'encombrer mon esprit encore plus. Alors je me suis calmé.

De ce silence, de cette réflexion, une réponse a émergé dans ma tête: "Je ne suis pas serein parce que j'ai une tête pleine d'évaluation."

Cette pensée m'a surpris. Je n'avais jamais réalisé cela auparavant.

À quoi ressemblait ma "tête pleine d'évaluation"? Cela avait pris la forme de "Est-ce que je fais assez?" et "Est-ce que je fais assez bien?" De telles pensées étaient dans ma tête continuellement.

Quelqu'un Aurait Dû Nous Le Dire!

Je savais instantanément d'où je tenais ces pensées. Elles avaient été mises dans ma tête quand j'étais enfant. Je devais faire quelque chose de productif, et je devais le faire bien. En tout cas c'est ce que j'ai fini par penser de tout ce que j'ai entendu dire par mes parents. Ils n'ont jamais utilisé ces mots! Peu importe, tout était innocent. Quand les parents disent des choses aux enfants ça part généralement de bonnes intentions. Après tout, ça a du sens; la plupart des parents aimeraient que leurs enfants soient productifs, s'en sortent bien et soient fiers de ce qu'ils font. Mais d'une façon ou d'une autre cela est entré dans ma conscience comme "Tu dois faire assez" et "Tu dois faire assez bien." Le problème n'était pas dans ce que mes parents ont dit mais dans l'interprétation que j'en ai faite, innocemment. Sans m'en rendre compte ces pensées encombraient mon esprit et tant qu'elles l'encombraient je ne pouvais pas être en paix. Le problème n'était pas que de telles pensées soient de mauvaises idées (elles ne le sont pas); le problème est qu'elles étaient dans ma tête sans que je le sache, et qu'elles interféraient avec ma sérénité. Elles interféraient avec ma productivité parce que mon énergie était avalée par ces pensées qui me distrayaient et donc je n'étais pas pleinement dévoué à ma tâche.

Une fois que j'avais vu cela j'ai été très surpris de voir à quelle fréquence ces pensées apparaissaient dans ma tête. Elles me bombardaient; j'avais presque l'impression que je devais les esquiver. Mais je savais que c'était juste une habitude de pensée que j'avais prise. Elles étaient tellement enracinées que je savais que je ne pouvais pas les empêcher d'entrer dans mon esprit. Au lieu de cela je leur ai permis de couler à travers moi sans obstacle. Je me contentais de les voir pour ce qu'elles sont: juste des habitudes de pensée que j'avais adoptées innocemment mais qui ne devaient pas me dominer. Donc elles venaient, et elles repartaient, comme la respiration. Elles ne m'affectaient plus.

Parce que je la voyais pour ce qu'elle était, cette façon de penser a commencé à diminuer graduellement. Cela surgit encore de temps en temps, en particulier quand je n'ai pas le moral, mais maintenant quand cela apparaît je me souviens simplement que ces pensées ne sont rien de plus qu'une vieille habitude qui ne veut rien dire.

Que resta-t-il quand ces pensées arrêtèrent de me posséder?

La sérénité.

J'avais toujours la même quantité de travail à faire dans la même limite de temps. Mais maintenant je travaillais avec un sentiment de paix. Le travail n'avait pas changé, les délais n'avaient pas changé. La seule chose qui avait changé était ma pensée. Savoir cela a calmé mon esprit, ce qui a permis à la sagesse de remonter à la surface. J'étais alors plus productif et je pouvais consacrer mon énergie directement à la tâche que je voulais accomplir et ne pas la voir s'éparpiller dans des directions qui ne m'étaient pas utiles.

Notre sagesse est une intelligence infinie qui nous parle toujours. Il n'y a qu'une difficulté: *Nous ne pouvons l'entendre que dans un état d'esprit apaisé.*

Dans chaque atelier que je dirige je demande presque toujours aux gens, "Où êtes-vous, ou bien que faites-vous quand vous avez vos meilleures idées?"

Invariablement les gens répondent des choses comme, "Quand je suis sous la douche", "Quand je conduis", "Juste avant d'aller dormir", "Quand je me réveille", "Quand je fais la vaisselle", "Quand je jardine", "Quand je cours", "Quand je médite", "Quand je fais une promenade".

Les détails ne sont pas importants. Quel est le dénominateur commun? L'esprit des gens s'est calmé. Quand l'esprit se calme et devient silencieux, ou se dégage de toute contrainte, nous pouvons entendre notre sagesse parler. C'est le *seul* moment où nous le pouvons. C'est simple.

George Pransky emploie une métaphore que j'utilise beaucoup: Notre sagesse joue toujours comme une douce flûte à l'arrière-plan, le reste de notre pensée est comme une fanfare. Quand la fanfare joue nous ne pouvons pas entendre la douce flûte. Dès que la fanfare s'arrête dans notre esprit, même pour une seconde, la sagesse de la flûte peut être entendue, parce qu'elle n'a jamais cessé de jouer.

De temps en temps notre cerveau s'embrouille et soudainement nous nous rendons compte que la façon dont nous avons vu les choses jusque-là ne fonctionne plus. Quelque chose fait "tilt" dans nos têtes comme dans un flipper. Quand cela se passe on peut aussi avoir un flash de sagesse. Pourquoi? Parce que quand notre cerveau fait "tilt", notre tête se dégage. Cette libération permet à la sagesse d'être entendue. Je ne recommande pas le "tilt" comme une façon d'entendre la sagesse mais parfois ça arrive de cette façon.

Certaines personnes pensent que si elles méditent elles atteindront un état de sagesse ou de conscience plus élevé. Certains y arrivent, mais d'autres pas, donc ce n'est pas nécessairement vrai. C'est parce que la méditation est un acte et une pratique. Certaines personnes qui tentent de méditer se trouvent prisonnières d'essayer de faire cette pratique d'une manière correcte, ou elles s'imaginent comment ce serait d'atteindre l'illumination, ou leur esprit est tout simplement distrait. Leurs pensées continuent à aller dans tous les sens même pendant leur méditation, qui est supposée calmer leur esprit. C'est *l'état méditatif,* le ralentissement de l'esprit, qui est important, pas l'acte de la méditation. Nous pouvons être dans un état méditatif dans beaucoup de situations quotidiennes. Tout ce que les gens ont mentionné ci-dessus est méditatif pour eux. C'est ce qui compte.

Notre esprit se calme naturellement de lui-même; ce n'est pas quelque chose que nous faisons. Non seulement nous avons une plus grande chance d'entendre la sagesse quand l'esprit se dégage ou se calme, mais nous éprouvons aussi un sentiment de sérénité. Comme j'ai dit à Diane [Chapitre 2] ce sentiment de sérénité est ce que la plupart d'entre nous recherchons vraiment dans la vie.

Si nous prenons un peu de recul et regardons à l'intérieur de nous-mêmes nous pouvons voir que c'est vraiment la façon dont nous fonctionnons. Ce que nous recherchons, la sérénité, est déjà en nous. Le chemin vers la sérénité est toujours un esprit calme, silencieux et clair. Nos meilleures idées proviennent de la même source et du même chemin.

Si cela se trouve déjà en nous, pourquoi ne sommes-nous pas sereins tout le temps?

Nous nous mettons des bâtons dans les roues, sans même nous en rendre compte.

Des pensées non-productives ou gênantes nous viendront toujours à l'esprit. On ne peut rien y faire. Mais ces pensées passeront toutes seules, à moins que nous n'en fassions quelque chose ou leur donnions une signification. Ce ne sont pas nos pensées qui nous mettent en péril; *ce sont nos pensées sur nos pensées.*

Nous pouvons avoir une pensée comme, "J'aimerais mettre mon poing dans le visage de ce gars", mais tant que nous ne permettons pas à cette pensée d'avoir du pouvoir sur nous en la prenant au sérieux nous ne la suivrons pas. Finalement, ça sortira naturellement de notre esprit, et ce sera tout. Si la pensée nous vient, "Je veux le frapper." et puis une autre pensée, "Vas-y!" nous donnons à cette première pensée du pouvoir sur nous et il y a des chances pour que nous la suivions. Si nous avions la première pensée, et puis nous avions une pensée de sagesse comme, "Ce n'est qu'une pensée, et une pensée ridicule!" on s'arrêterait et on ne suivrait pas la première pensée. Ce processus se passe en nous continuellement et souvent trop vite pour le reconnaître. Ce dont nous parlons ici c'est de *notre relation avec notre pensée*. Cette relation est bien plus importante pour notre bien-être que nos pensées elles-mêmes. Sans nous en rendre compte nous *donnons à nos pensées un pouvoir sur nous*. L'alternative est de ne pas prendre nos pensées tellement au sérieux ou à cœur. Ce sont toutes des relations différentes avec notre pensée. Nous décidons quelle relation nous voulons. Voulons-nous vraiment être dominés par les mêmes pensées habituelles que nous traînons avec nous depuis des années? Quoi que nous décidions, nous en ressentirons les résultats.

Si nous voulons plus de sérénité et de sagesse dans nos vies, tout ce que nous devons "faire" est reconnaître quand notre esprit est en paix, quand la sagesse parle en nous et ne pas accepter ce que nos pensées nous disent dans le cas contraire. Quand notre esprit se dégage, la sérénité et la sagesse apparaissent.

Cela vaut la peine de le répéter encore et encore: *Ce que nous cherchons apparaît tout naturellement quand notre esprit se dégage.* Il n'y a absolument rien que nous devions faire pour arriver où nous voulons être parce que *nous y sommes déjà!* Notre propre pensée interfère avec notre état intrinsèque de sagesse et de paix. Nous utilisons notre don de la Pensée contre nous-mêmes.

L'histoire de C

Quand C est entrée dans ma formation sur les Trois Principes elle avait l'air peu sûre d'elle et agitée. Elle était très aimable avec tout le monde et tout au long du premier jour de la formation elle a entamé de nombreuses discussions parallèles gênantes. Pendant la formation elle avait l'air troublée et à chaque pause pendant le premier jour elle passait devant moi, en hochant la tête, en disant, "Je ne comprends pas. Je ne comprends pas!" Cette nuit-là ou pendant le deuxième jour il lui est arrivé quelque chose. Elle semblait se relaxer. Elle est passée devant moi et a dit, "Ça y est, je comprends maintenant." La prochaine fois que je l'ai vue, environ un an plus tard, C avait l'air d'être une autre personne. Elle était attirante. Elle avait perdu beaucoup de poids. Elle avait une certaine sérénité. Elle avait subi une énorme transformation.

Je vivais une assez belle vie. Je vivais la meilleure vie que je pensais possible à ce moment-là. Mon job se passait bien. J'aime beaucoup travailler avec les enfants dans la prévention et j'avais l'impression d'être assez efficace dans mon travail avec mes étudiants. J'ai toujours été une personne qui voulait apprendre plus; je voulais être meilleure dans ce que je faisais dans la vie, tant sur le plan personnel que professionnel. Si je pouvais être une meilleure personne d'une manière ou d'une autre je voulais le faire. Donc à 29 ans j'étais une personne à la recherche de meilleures façons de faire les choses.

Quelqu'un Aurait Dû Nous Le Dire!

J'ai eu une enfance rude. Mes parents ont divorcé quand j'avais 4 ou 5 ans. Après le divorce ma mère a obtenu la garde de ma sœur et moi, et nous ne voyions notre père qu'occasionnellement. Mon enfance n'a pas été optimale, et par conséquent je suis arrivée à l'âge adulte manquant de confiance en moi, en pensant que je n'étais pas une bonne personne, que je n'avais aucune valeur, me sentant vraiment mal dans ma peau. À cause de cela j'ai fait plein de mauvais choix, qui m'ont conduite à suivre beaucoup de thérapies. J'ai été en thérapie pendant la plus grande partie de ma vie. J'avais l'impression que je me sentais mal dans ma peau à cause de la relation avec ma mère. Ma mère me disait que je n'étais bonne à rien et qu'elle souhaitait que je ne sois jamais née. Donc j'ai grandi en pensant que je n'étais pas désirée. Je ne me suis jamais sentie aimée. Je n'ai jamais été prise dans les bras, ni entendu "Je t'aime" ou quoi que ce soit dans ce genre. Mais j'entendais toutes ces choses que je ne faisais pas comme il le fallait inlassablement, encore et toujours. Ma mère est une perfectionniste, très exigeante. J'avais l'impression que je devais être parfaite tout le temps, et chaque fois que je n'étais pas parfaite on me le faisait savoir. Notre maison devait être immaculée tout le temps. Si elle ne l'était pas, ma mère se mettait très en colère. Tous les soirs elle rentrait du travail, et si la moindre chose n'était pas à sa place elle se mettait à hurler pendant deux heures. Donc j'avais toujours l'impression de marcher sur des œufs en grandissant.

Un jour quand j'avais 10 ou 11 ans elle est entrée dans notre chambre, et elle était très fâchée à cause de l'état de notre chambre. Elle pensait toujours que c'était un désordre absolu. Et donc elle a commencé à pousser les choses de notre commode et d'un revers de main a fait tout tomber. Elle s'est mise à jeter des choses à travers la chambre, à arracher les draps du lit, à hurler et à crier, et ma sœur et moi pleurions, et elle jetait des choses en hurlant, nous disant qu'on était des cochons et des paresseuses en jetant le sommier du lit. Puis elle a couru vers le téléphone et a dit qu'elle allait appeler la police pour qu'on vienne nous chercher ma sœur (qui avait 6 ou 7 ans) et moi parce qu'elle n'en pouvait plus. Et tout ce dont je me souviens comme enfant c'est que je la tirais et je pleurais, les larmes coulaient sur mon visage en la suppliant:

— S'il te plaît, n'appelle pas la police! On sera sage!

Voilà c'est le genre d'enfance que j'ai eue. Je ne dirais pas que j'ai été physiquement maltraitée. Je veux dire, j'ai certainement été frappée, giflée, tapée où elle le pouvait, mais je n'ai jamais eu d'hématomes ou ce genre de choses. Mais je pense qu'il y avait beaucoup de maltraitance émotionnelle.

Malgré tout j'ai toujours eu l'impression d'être une personne avec une grande capacité à rebondir. J'avais l'impression que j'allais dépasser tout cela. «Je vais vaincre cela. Je suis une survivante. Je ne vais pas être malheureuse dans ma vie parce que les choses n'ont pas été parfaites.» J'étais très motivée. « Je vais aller à l'université. Je vais persévérer.» Je pensais toujours être capable de dépasser cela mieux que ma sœur. «C'est arrivé mais je ne vais pas le laisser me retenir. Je veux mieux que ça pour ma vie. Je vais être quelqu'un dans la vie.»

J'ai tiré mes leçons de beaucoup de mauvaises décisions. Un grand tournant est venu dans ma vie quand j'avais 24 ou 25 ans. J'ai eu une relation très houleuse avec un homme. Nous étions sortis ensemble deux ou trois ans, et nous avions décidé que nous devions nous séparer. C'était une relation très, très, très malsaine. Parfois il y avait de la violence physique et beaucoup de violence verbale. Je pensais vraiment que c'était la fin de cette relation. Plus tard on s'est remis ensemble et je l'ai épousé.

Quelqu'un Aurait Dû Nous Le Dire!

J'ai commencé une thérapie parce que je suis tombée dans une dépression très profonde. Un grand tournant dans ma vie fut quand mon thérapeute m'a conseillé d'aller voir un psychiatre et j'ai été mise sous Prozac. C'était énorme. Ce médicament a fait des miracles pour moi. Il m'a aidé à naviguer dans ma vie comme jamais auparavant.

Initialement j'avais entendu parler des Trois Principes par la directrice d'un centre de ressources de prévention d'état, et elle m'avait mentionné très brièvement et à quelques-uns de mes collègues qu'elle avait trouvé quelque chose qui s'appelait « les Trois Principes ». Encore une fois, j'étais une de ces personnes qui était toujours en recherche. J'adore apprendre et je suis passionnée à l'idée de découvrir de nouvelles choses, et j'ai toujours été particulièrement fascinée par tout ce qui a à voir avec la santé sociale et mentale. J'ai donc été immédiatement curieuse. Elle disait que j'allais en entendre parler et n'a rien dit de plus. Puis j'ai été invitée pour assister à une formation Niveau 1 à la conférence d'état il y a 2 ans et demi.

Quand je suis arrivée j'étais très excitée à l'idée d'être là. J'avais l'impression que ça allait être quelque chose de spécial. Quand j'ai commencé à entendre parler de ceci je me suis dit, "C'est quoi le truc avec ce Jack? Il est assis là si calme. Il ne semble pas avoir beaucoup de matériels [de cours]. C'est quoi ce truc?" Je veux dire, j'étais complètement perplexe. Et le premier jour nous avons pris de longues pauses: c'est quoi ça? Où cela va-t-il nous mener? Mais j'avais l'impression qu'il y a avait quelque chose de spécial, même si tout me laissait perplexe. J'essayais d'intégrer tout cela avec ce que je savais déjà sur la prévention, et cela ne s'intégrait pas. J'étais en grande confusion, et ma confusion me frustrait. Cependant Jack, qui se trouvait en face de moi, semblait tellement calme et semblait savoir quelque chose et voir quelque chose que nous ne voyions pas et je voulais voir ce qu'il voyait.

Ce soir-là j'ai commencé à lire *Modello**, et le deuxième jour j'ai commencé à voir certaines choses. Je me souviens que je commençais à entrevoir certaines choses, je commençais à voir au moins partiellement ce que Jack exprimait dans cette formation. Je commençais à écouter et à regarder les pensées que j'avais et je pensais, "Oh, mon Dieu! J'ai plein de pensées intéressantes qui me passent par la tête." J'ai commencé à me rendre compte que mes sentiments venaient de mes pensées. Donc les choses commençaient doucement à se clarifier pour moi. Je voyais certainement certaines choses, et j'étais enthousiaste. Et après la formation j'ai beaucoup lu. Jack nous avait donné une bibliographie, et j'ai probablement lu 80-90% des livres et puis le barrage a cédé et, oh mon Dieu, j'ai commencé à voir pleins de choses. C'était assez incroyable. Les prises de conscience se sont enchaînées.

Une des grandes prises de conscience que j'ai eue c'est pendant que je songeais à mon enfance et la façon dont j'avais été élevée. Je me suis rendu compte que je croyais toutes les choses que ma mère m'avait toujours dites. Je croyais que j'étais nulle. Je croyais que je ne pouvais rien faire de bien. Je croyais que je n'arriverais jamais à rien. Et je croyais que c'était réel. Puis je me suis rendue compte que ce n'étaient que des pensées dans ma tête et qu'elles n'étaient pas réelles; je les rendais seulement réelles.

A ce moment, j'ai ressenti plus d'empathie pour ma mère que je n'en avais jamais ressentie. Pour la première fois de ma vie j'étais capable de voir que la façon dont j'avais été élevée et la façon dont ma mère agissait envers moi c'était son problème. Cela n'avait rien

---

* Pransky, J. (1998). *Modello: A Story of Hope for the Inner City and Beyond.*

à voir avec moi. Ce n'était pas personnel. Je veux dire, c'était énorme pour moi. Cela n'avait jamais rien eu à voir avec moi! C'était ses affaires, et toutes ces choses n'étaient pas vraies. Je voyais ma mère avec des yeux tellement différents. J'étais désolée pour elle, au lieu d'être fâchée contre elle. Cela s'est transformé en: «Oh mon Dieu, je suis tellement désolée pour toi. Tu dois être dans une telle souffrance.» Comme chaque être humain j'ai des pensées négatives que j'invente dans ma propre tête quand je n'ai pas le moral et j'agis en fonction de ces pensées. Ma mère aussi est un être humain, donc cela doit lui arriver aussi d'avoir des pensées négatives. Et si elle a des pensées négatives, cela va la mener à avoir certains sentiments et elle va agir en fonction de ces sentiments, et cela n'a rien à voir avec moi. Cela a seulement à voir avec elle. C'était énorme. Énorme!

C'est tellement excitant: je suis devenue une personne infiniment moins critique. Avant ceci je dirais que j'étais une personne aimable, une bonne personne, mais je jugeais beaucoup aussi. Maintenant j'ai beaucoup plus de patience avec les gens. Je suis capable de mieux les comprendre. Parce que si je suis un être humain qui fonctionne comme cela, alors tous les autres avec qui je suis en contact aussi. Et ça c'est très important.

Même avec les médicaments que je prenais avant, je n'avais jamais ressenti une telle sérénité et un tel calme à l'intérieur de moi. C'était un sentiment tellement extraordinaire de savoir que j'avais déjà ce sentiment à l'intérieur de moi; que tout ce dont j'avais besoin était déjà à l'intérieur de moi. Je ne devais rien faire d'autre. Cela m'a tant apporté.

J'étais ce que j'appellerais une "accro du shopping". Si je me sentais mal, si je me sentais triste, je pensais que la meilleure façon d'assouvir ce besoin était de sortir et de dépenser des centaines de dollars, puis subir les foudres de mon mari parce que j'avais dépensé des centaines de dollars pour des vêtements parce que je pensais que cela me permettrait de me sentir mieux. Mais cela n'arrivait jamais. Si seulement je m'étais rendue compte plus tôt que tout ce dont j'ai besoin et tout ce que je désire est déjà à l'intérieur de moi. Si je l'oublie je dois juste attendre un peu pour que ce sentiment revienne, mais c'est déjà là en moi.

La même chose pour la nourriture. Je pense que je mangeais de façon émotionnelle. Si j'avais une mauvaise journée je mangeais plein de nourriture. Je voulais tellement perdre 10 à 15 kilos, j'essayais d'y travailler encore et encore. Et puis je me suis rendue compte que je n'avais besoin d'aucune sorte de nourriture pour me sentir mieux. Tout ce dont j'avais besoin était déjà à l'intérieur de moi. Juste le fait de dire: "Je vais bien quoi qu'il se passe." m'a apporté calme et sérénité.

J'ai aussi remarqué un changement avec les étudiants avec qui je travaillais. J'ai toujours eu une bonne relation avec eux. J'ai toujours aimé travailler avec les étudiants, et j'avais l'impression qu'ils réagissaient bien avec moi, mais après ceci, je n'exagère pas, je ne pouvais pas être dans mon bureau sans qu'il y ait toujours des étudiants présents. J'avais l'impression qu'ils affluaient vers moi, ils avaient toujours envie d'être près de moi. Parce que je sais que *je* les voyais différemment. J'avais toujours bien travaillé avec les étudiants, mais même les enfants dont je disais avant, «Oh, cet enfant a plein de problèmes», je voyais alors que même les enfants avec les plus grands problèmes sont sains. Si j'avais cette Santé Innée en moi, alors tout le monde dans le monde l'avait. C'est juste que les gens laissent certaines choses se mettre en travers de leur chemin. Quand j'ai vu cela en eux ils ont commencé à graviter vers moi, ils voulaient juste être avec moi, et j'avais l'impression d'être plus efficace avec eux. Avant je leur parlais beaucoup, je donnais beaucoup de conseils et cela ne semblait pas toujours avoir du sens. J'avais juste l'impression que je devais dire quelque chose. Et c'était presque comme si un poids avait été enlevé de mes épaules. Je ne devais plus donner de conseils, j'écoutais juste, et mon job devenait tellement plus facile. J'écoutais leur sentiment. Et je pense qu'ils le ressentaient.

Avant de découvrir les Trois Principes je pensais que je devais faire beaucoup d'efforts pour être heureuse, que personne n'est « juste heureux ». Je passais des heures et des heures dans la section développement personnel des librairies, parce que je voulais être une bonne personne, mais ce que j'ignorais c'est que je l'étais déjà. Je l'étais déjà, et je pensais qu'il fallait que je fasse beaucoup d'efforts pour le devenir. Et là, d'un coup, c'est devenu beaucoup plus naturel. Vous allez en thérapie et si vous utilisez les acquis cela vous aidera à communiquer mieux mais cela devient très fatigant après un moment. Et puis il arrive un point où vous vous en sortez vraiment bien pour un moment, et puis vous vous relâchez parce qu'il faut faire tellement d'efforts pour essayer de maintenir ce niveau. Et pour la première fois dans ma vie, je n'avais plus besoin d'efforts particuliers pour être heureuse. C'était déjà à l'intérieur de moi. C'est tellement libérateur.

Donc tout autour de moi a commencé à changer. J'ai commencé à m'épanouir et à grandir. Et même maintenant la plupart du temps, même quand je me sens triste, que j'ai une baisse de moral, ou une dispute, cela dure deux fois moins longtemps et c'est deux fois moins intense qu'avant. Je sais que tout ira bien et c'est comme une fondation solide. Je sais que j'irai toujours bien indépendamment de ce qui se passe dans ma vie, et cela ne me quittera jamais. Cela ne s'oublie pas. Cela fait partie de qui vous êtes. Et c'est ce que je suis.

5

Ce N'Est Pas En Y Pensant Que Nous Pouvons Trouver Des Solutions À Nos Problèmes (Ou Trouver Notre Bonheur)

Tom avait un poste important dans une société prestigieuse. Il était assez nouveau dans cette entreprise. Quand il a obtenu son poste, son patron lui a dit:

— Voilà ce que j'attends de toi...

Tom a dit:

— Ça marche.

Tom a commencé son job comme responsable du marketing produit et a extrêmement bien travaillé. Son boss faisait l'éloge de son travail. Quand une nouvelle mission s'est présentée, son boss s'est dit que Tom l'exécuterait mieux que quiconque.

Tom a dit:

— Ça marche.

Il a pris la nouvelle mission sur lui et a très bien travaillé. Son boss a chanté ses louanges.

Quelques mois plus tard une autre mission s'est présentée. Le boss de Tom a voulu quelqu'un sur qui il pouvait compter. Tom lui est venu à l'esprit.

Tom a dit:

— Ça marche.

Quelqu'un Aurait Dû Nous Le Dire!

Cela s'est produit encore une fois et tout à coup ça ne 'marchait' plus vraiment pour Tom.

Sa journée ne contenait qu'un certain nombre d'heures. Aucune de ses autres responsabilités n'avaient été enlevées; les nouvelles missions s'étaient juste rajoutées. Tom s'est rendu compte qu'il ne pouvait pas continuer à faire tout ce qu'on lui demandait avec la même qualité. Il n'avait tout simplement pas assez de temps. Il a commencé à faire de plus en plus d'heures supplémentaires. Même avec ces heures supplémentaires il se sentait de moins en moins efficace.

Pour ce job il avait dû déménager sa famille de l'autre côté du pays. Sa fille de neuf ans avait de grandes difficultés dans sa nouvelle école. Les enfants s'en prenaient à elle et la harcelaient. Elle se sentait désespérément seule. Elle a commencé à parler de suicide. En plus, sa relation avec sa mère n'était pas très bonne. Elle avait vraiment besoin de son père. Mais parce qu'il faisait tellement d'heures supplémentaires au boulot il ne pouvait pas être là pour elle. Et parce qu'il passait tellement moins de temps à la maison sa relation avec sa femme a commencé à se dégrader.

Un petit démon s'est installé sur l'épaule de Tom et criait dans son oreille: "Mais tu peux le faire! Tu peux tout faire et le faire bien si tu pousses encore."

Tom était très fier de la qualité de son travail. Il avait toujours été brillant quelle que soit la société pour laquelle il travaillait. Et il se sentait désormais incapable de faire quelque chose de bien au travail ou à la maison.

Il s'est posé la question: "Comment puis-je résoudre ce problème?" Il a commencé à penser, analyser, ruminer. Il n'est arrivé à rien.

Ce n'est pas en pensant que nous pouvons trouver des solutions

Tom est venu vers moi sur le conseil d'un thérapeute des Trois Principes qu'il voyait là où il vivait précédemment. On s'est rencontré pour une session intensive.

J'ai posé une question innocente. Avait-il parlé à son patron? Non.

Est-ce que cela n'aurait pas du sens de parler à la personne qui contrôlait sa charge de travail? Comment les choses pourraient-elles changer s'il ne le faisait pas? Est-ce que la sagesse ne lui dirait pas qu'il devrait avoir une discussion à cœur ouvert avec son patron pour essayer d'arriver à un accord? Ne devrait-il pas établir les limites (de façon aimable mais ferme) de ce qu'il pouvait et ne pouvait pas faire pour la société? Qu'allait faire son boss, le licencier? J'en doute. Tom était clairement précieux pour la société, son boss le savait sinon il ne lui aurait pas confié toutes ces missions. Même dans le cas improbable où son boss le licencierait pour ceci, voulait-il vraiment travailler pour une société qui avait tellement peu d'égard pour son bien-être? Sa réputation lui ouvrirait les portes de beaucoup d'entreprises. Tom pourrait dire à son boss: "J'aimerais vraiment faire tout ceci pour vous en plus de ce pourquoi j'ai été engagé à l'origine, mais cela affecte ma capacité à mener à bien toutes ces missions, et cela affecte ma famille."

Mais Tom ne pouvait pas le voir. Sa pensée ne le soutenait pas. Il ne voyait qu'une situation perdue d'avance. Il avait cent raisons pour ne pas parler à son boss. "Je devrais être capable de gérer tout ça et je ne vais pas dire autre chose à mon patron." "Si je fais cela, qu'est-ce que l'entreprise pensera de moi?" Etc... Entre-temps il allait droit vers un burnout et était stressé à un point qui dépassait les limites.

Tant que la tête de Tom était pleine de ce qu'il savait, avec toutes ses analyses et ruminations, il était impossible pour lui de voir ce qui était évident ou d'arriver à de nouvelles conclusions. Il était paralysé.

Je lui dis:

— Tu peux avoir les meilleures excuses du monde, ça m'est égal. Ta petite fille souffre. Si ta famille en souffre et ton job en souffre je ne peux pas imaginer le genre de pensée qui pourrait t'empêcher de parler à ton boss. Je ne comprends pas. Est-ce que ça a vraiment du sens pour toi?

Cette simple question a surpris Tom. Il s'est rendu compte qu'il n'avait pas d'autre choix que de parler à son patron. C'était tellement évident que tout le monde pouvait le voir. Tout le monde sauf Tom. Son esprit était trop encombré. Les voix bruyantes dans sa tête devaient s'arrêter pour un moment. Tom avait travaillé tellement dur pour résoudre ses problèmes en se basant sur ce qu'il savait que cela avait empêché de nouvelles prises de conscience. Il se rendait compte que s'il n'obtenait aucune satisfaction avec son boss, il avait alors une autre décision à prendre, mais cette discussion devait être le premier pas.

Tout à coup Tom s'est agité. Il était très mal à l'aise.

— Que se passe-t-il, Tom?

Il confessa:

— Je sais que je dois le faire, mais je ne peux pas, je ne peux pas imaginer de réellement le faire.

Malgré ce qu'il voulait faire, sa pensée n'avait pas changé.

Je pensais: "C'est curieux." Tom prétendait comprendre les Trois Principes [Esprit, Conscience et Pensée].* Intellectuellement il pouvait réciter leur définition parfaitement, mais comprendre tout

---

* Les trois Principes qui créent notre expérience de la vie (Esprit, Conscience et Pensée) ont été introduits dans les deux premiers chapitres. Ces principes sont le sujet de tout ce livre.

Ce n'est pas en pensant que nous pouvons trouver des solutions

cela intellectuellement ne sert à rien. Je savais qu'il y avait quelque chose d'important que Tom ne comprenait pas, mais je ne savais pas ce que c'était.

Puis quelque chose m'est venu à l'esprit.

— Il me semble que tu veux que les choses s'améliorent d'elles-mêmes sans devoir changer quoi que ce soit, ni même ta façon de penser.

Tom était ému. Humblement, il a admis que c'était sans doute vrai.

J'ai insisté:

— Il doit y avoir quelque chose ancré au fond de toi qui t'empêche de voir l'évidence.

Dès que j'ai dit cela il savait ce que c'était. Il était habité par cette idée: "Si je ne peux pas faire ça, tout gérer, j'aurais l'impression d'être un raté."

Bingo!

Il pouvait facilement relier cette pensée à son éducation. Il avait emprunté ces pensées à ses parents. Mais son éducation était faite. Il n'était plus avec ses parents. Cependant il portait encore cette idée en lui comme un joug. Ces pensées bouchaient son esprit comme le trou d'un évier se bouche avec de la saleté. Dès qu'il réalisa que ce n'était qu'un tas de pensées qu'il avait innocemment amassées qui n'avaient que le pouvoir qu'il leur donnait, il se senti plus libre. Le tuyau se libéra comme dans les pubs pour déboucheur d'évier. L'eau se mit à couler librement. Il voyait. Il avait été comme un hamster courant dans une roue mais n'allant nulle part.

Souvent quand nous avons un problème nous devenons un de ces hamsters. Les hamsters, quand ils courent dans leur roue, ne vont nulle part parce qu'ils ne voient aucune sortie possible devant eux. La seule issue, c'est de sauter de la roue par le côté que les hamsters ne peuvent pas voir devant eux. En d'autres mots, le hamster pourrait en sortir, mais tant qu'il continue de regarder ce qu'il connaît il ne peut pas voir le chemin.

Cette nouvelle perspective aida Tom à descendre de la roue. Au lieu d'y penser, analyser, ruminer (le tout nourri par ce qu'il savait déjà), une nouvelle perspective est apparue provenant de sa sagesse. Cela lui a permis de sortir de cette paralysie. Sa croyance que tout allait se résoudre tout seul sans entreprendre la moindre action était une pensée illusoire.

Tom était une brute de travail. Il parlait même de "travailler les principes" ou "faire en sorte que les principes marchent pour moi". Avec lui tout semblait être du travail.

Je lui ai dit:

— Les principes marchent déjà parfaitement pour toi que tu t'en rendes compte ou pas. Tu dois te relaxer et arrêter d'interférer avec le libre cours de ces principes en toi-même. Garder un ballon sous l'eau ça demande beaucoup d'effort. Le lâcher, et le laisser remonter à la surface ça ne demande aucun effort. Tu m'as dit que quand tu étais en voyage à D.C. récemment tu marchais en ville, tu t'amusais et pour la première fois depuis longtemps tu t'étais senti bien. Est-ce que cela t'a semblé nécessiter beaucoup d'effort de te sentir bien et d'avoir l'esprit clair?

La réponse est évidente.

Parfois cela vaut la peine de travailler intelligemment plutôt que de travailler dur.

Quelque chose d'intéressant se produit quand nous avons un problème. Nous avons tendance à essayer de trouver une solution, de tirer les choses au clair, de traiter, d'analyser, d'arranger les choses. C'est beaucoup de boulot et ce n'est pas très utile. Il nous faut des idées fraîches, nouvelles, claires. Il nous faut des nouvelles prises de conscience. Il faut que la sagesse parle.

La seule manière pour trouver une solution à nos problèmes est de laisser derrière nous ce que l'on sait, de laisser de côté le bruit et l'encombrement, afin que la sagesse puisse nous guider. L'autre option consistant à ruminer ne nous mène nulle part.

N'est-ce pas rassurant de savoir que nous ne devons pas faire autant d'efforts pour résoudre nos problèmes? N'est-ce pas incroyable de savoir que le fait de tant *essayer* est justement ce qui nous *empêche* de trouver la solution? Pourquoi? Parce que si on abandonne ce qu'on pense savoir, et qu'on confie le problème à l'Esprit, pour ainsi dire, on aura de nouvelles idées fraîches provenant de cette intelligence infinie naturelle qui parle à travers nous.

Ce n'est pas différent du fait de perdre nos clefs de voiture. Nous pouvons mettre toute la maison sens dessus dessous, être de plus en plus contrariés du fait que nous ne trouvons pas nos clefs, et puis après avoir fouillé chaque tiroir de la maison et regardé aux mêmes endroits de nombreuses fois, nous abandonnons. Quand nous abandonnons nous disons "Je ne sais plus." et boum, cela nous vient à l'esprit, "Elles sont dans ma poche !" ou quelque chose comme ça. Essayer activement de tirer quelque chose au clair nous empêche de tirer quelque chose au clair. C'est un des paradoxes de la vie.

Mais alors comment pouvons-nous obtenir des réponses quand nous avons un problème?

Nous pourrions dire quelque chose comme: "Je ne sais pas comment résoudre ça pour l'instant." "Je ne sais pas" dégage très bien la tête (aussi longtemps qu'on est en paix avec le fait de ne pas savoir).

En même temps, nous savons qu'il y a une réponse quelque part. Nous sommes confiants qu'il y a une réponse; c'est juste que nous ne la voyons pas pour l'instant. À un certain moment, cela nous semblera évident. Alors nous *arrêtons de nous en préoccuper*, nous n'y pensons plus, nous continuons à faire ce que nous avons à faire. Puis quand nous nous y attendons le moins, quand notre esprit est calme, une solution nous vient souvent à l'esprit, soudainement.

Cela peut sembler trop passif. Il nous semble qu'on est censé faire quelque chose pour obtenir une réponse et si nous ne le faisons pas, on a l'impression de se relâcher, de ne pas être sérieux. C'est souvent dur de faire confiance. Cependant quand j'ai commencé à arrêter de me préoccuper de mes problèmes, mon niveau de stress a diminué de manière drastique. Tout le stress que je générais en essayant de résoudre ce qui est insoluble n'était plus présent dans ma vie. Maintenant je dis simplement, "Je ne sais pas, mais j'aimerais voir une réponse.", j'oublie tout, et je continue comme si de rien n'était. Maintenant j'obtiens des solutions sages avec beaucoup moins d'effort. Quand les pensées stressantes sont parties il ne reste que la paix.

Si vous ne croyez pas que cela marchera pour vous, rendez-vous compte que de toute façon vous n'obtiendrez pas de meilleure réponse en ruminant le problème. Puis voyez si cette autre méthode fonctionne mieux.

Quand j'étais dans mon programme de doctorat j'ai rendu visite à une collègue qui avait construit un labyrinthe dans son jardin. Je ne me souvenais pas vraiment de ce qu'était un labyrinthe donc je le lui ai demandé.

Elle m'a dit:

Ce n'est pas en pensant que nous pouvons trouver des solutions

— Tu te poses une question, puis tu marches dans le labyrinthe, et le temps que tu ressortes de l'autre côté tu reçois une réponse à ta question.

Pour les lecteurs qui se demandent à quoi ressemblait ce labyrinthe, je peux vous dire qu'il n'avait pas de « faux chemins » ou cul de sacs. Un chemin vous mène tout en rond dans une direction, puis vous arrivez au centre, puis le chemin continue à tourner en rond dans l'autre direction. Je pensais que ce serait amusant d'essayer.

Mon père était décédé très soudainement environ six mois plus tôt, et l'état de ma mère semblait se dégrader à chaque mois qui passait. Elle ne réagissait pas à quoi que ce soit que mes frères, mes sœurs ou moi-même faisions ou essayions. Nous étions perdus. Personne dans notre famille ne savait quoi faire. Nous voulions l'aider mais nous n'avions aucune idée sur la meilleure manière d'y arriver. Elle n'était pas capable de se concentrer, en particulier sur ce qu'elle devait faire pour sa vie quotidienne, comment régler ses affaires ou quoi que ce soit. Mon frère et ma sœur avaient essayé de l'aider à tout trier mais cela rentrait dans une oreille et ressortait par l'autre. Elle était malheureuse. J'étais déconcerté. Plus j'y pensais et plus je me sentais perdu. Je n'arrivais pas à trouver une réponse.

Cette question m'est venue à l'esprit quand je me tenais à l'entrée du labyrinthe. J'ai posé la question: "Je voudrais savoir ce que je peux faire pour aider ma mère à traverser tout cela.", et puis je suis rentré dans le labyrinthe.

J'ai tourné en rond vers la gauche. Rien.

J'ai tourné et tourné. Rien.

J'ai atteint le centre. Rien.

J'ai commencé à tourner en rond et circuler vers la droite. Rien.

J'étais sur le point de sortir du labyrinthe quand j'ai entendu une voix dans ma tête. Elle disait: "Aime-la, c'est tout."

Oooh!

J'ai pensé: "Oh mon Dieu". Mon esprit avait été tellement dans le brouillard que je n'avais pas vu cela. C'était une réponse choquante, mais tellement évidente. Un moment plus tôt, je n'aurais pas pu imaginer cette réponse. A quoi pensais-je pour ne pas voir ça? Mais essayer de trouver une solution ne m'aurait jamais mené à cette conclusion.

Je ne sais pas comment un labyrinthe fonctionne mais je suppose que tourner dans des directions opposées brouille l'esprit et dégage la tête. Ce n'est pas le labyrinthe qui donne des réponses. Les réponses viennent de notre propre tête dégagée de ses tourments. Je n'aurais jamais trouvé cette réponse si j'avais compté sur mes capacités analytiques. Mais la voix c'était moi. La réponse était venue de moi. Et je n'avais pas besoin de labyrinthe pour le voir parce que la réponse était là, et attendait d'être vue.

Postscriptum: Ma mère se porte très bien maintenant. Elle a rencontré un nouveau compagnon et elle a une nouvelle vie. Elle est plus heureuse que jamais.

Julia est docteur en psychologie à Porto Rico. Pendant son enfance son père alcoolique a abusé d'elle à maintes reprises. Pendant des années elle avait été en thérapie pour guérir de cette expérience et pour se sentir bien dans sa peau, mais elle avait passé la plus grande partie de sa vie déprimée, ne sachant pas comment vivre sans dépression. Elle avait divorcé récemment après huit ans de mariage. Elle travaillait beaucoup sur elle-même.

Elle a assisté à une formation sur les Trois Principes que Gabriela Maldonado et moi avons donné là et elle a découvert le lien

Ce n'est pas en pensant que nous pouvons trouver des solutions manquant dans sa compréhension du fonctionnement psychologique. Julia s'est rendu compte que la seule chose qui l'empêchait de ressentir sa Santé Innée et sa sagesse était l'utilisation de sa Pensée; que quand elle n'avait pas de pensées malsaines sa sagesse était là pour la guider naturellement. Cette idée la réconfortait. Elle dit:

— Je dois m'efforcer de voir cela dans ma vie.

Julia effectua un peu de traduction Espagnole pour moi pendant la formation, et Gabriela et moi avons eu l'occasion de passer beaucoup de temps avec elle parce qu'elle a proposé de nous montrer les attractions touristiques. Nous avons développé tous les trois un très bon contact. Gabriela et moi avons tous deux noté combien Julia disait qu'elle devait travailler sur certaines choses, un peu comme Tom, mais dans le cas de Julia le travail était sur elle-même.

Un jour on a voyagé en ferry vers la belle île de Culebra. Je me suis assis près de Julia, et Gabriela près de l'ex-mari de Julia (ils s'entendaient encore bien). Pendant que les deux autres étaient en conversation en Espagnol Julia m'a posé une question. Notre conversation s'est déroulée comme ceci:

— J'aimerais savoir la différence entre le genre de thérapie que je fais et la thérapie que vous pratiquez en utilisant l'approche des Trois Principes.

— Je pourrais tenter de l'expliquer, mais le seul moyen pour que cela ait une signification pour vous est que je vous le montre, avec vous qui jouez le client. Êtes-vous partante?

— [légère hésitation] Oui. D'accord.

— Avec la thérapie Trois Principes, contrairement à la psychologie cognitive, nous ne sommes pas intéressés par le contenu des pensées d'une personne. Au lieu de ça, nous voulons aider les gens à voir comment ils utilisent par inadvertance le pouvoir créatif de la Pensée pour inventer des choses sur eux-mêmes et sur les autres qui ne leur sont pas utiles, et à voir comment ils ont à leur disposition une grande source de Santé mentale et de sagesse qui leur permet de voir au-delà de ce qu'ils créent avec leur pensée.

— Pouvez-vous me donner un exemple?

— D'accord. Un jour j'ai fait une randonnée en Arizona avec une femme qui me disait qu'elle pensait que ce qui la rendait attirante pour les autres était sa vive intelligence et le fait d'étaler son savoir, et elle savait beaucoup. Mais pour moi cette partie d'elle n'était pas du tout attirante. Au lieu de cela, j'aimais les moments où elle oubliait toutes ces choses et où son côté doux et vulnérable apparaissait. Il n'est pas vraiment étonnant que nombre de ses expériences lui aient parues tendues et insatisfaisantes. Elle donnait l'impression d'être très dure parce qu'elle se voyait au travers cette fausse croyance, qu'elle s'était inventée à son propre sujet. Donc je l'ai aidée à voir comment elle avait utilisé sa pensée par inadvertance pour inventer une fausse croyance à son propre sujet, et sur base de laquelle elle agissait. Une fois qu'elle a vu qu'elle utilisait sa pensée contre elle-même de cette façon, son côté doux, vulnérable et attirant est ressorti de lui-même et ses relations sont devenues plus satisfaisantes. Mais cela n'est pas votre problème.

— Qu'est-ce que vous voyez comme mon problème?

— Vous pensez trop à vous.

— [rires] Vous avez sans doute raison. Racontez moi plus à ce sujet.

— Si vous ne pensiez pas tellement à vous, vous vous contenteriez simplement de vivre, d'être.

— [soupirs] J'ai fait beaucoup d'efforts pour comprendre la cause de mes problèmes afin que je puisse être bien dans ma peau.

— Et où cela vous a-t-il mené? Vous m'avez dit que vous avez été déprimée de nombreuses années.

— [réfléchissant] Je sais. Mais j'ai aussi eu des prises de conscience très intéressantes. J'ai l'idée que les prises de conscience que j'ai eues dans ma vie étaient le résultat d'avoir compris ce que j'avais vécu.

— C'est fantastique que vous ayez eu des prises de conscience intéressantes, mais vous étiez encore toujours déprimée.

— [soupirs] Je sais.

— Et si toutes ces prises de conscience étaient juste venues de votre sagesse intérieure?

— Je sais que c'est le cas.

— Est-ce que vous vous rendez compte que vous n'arrêtez pas de dire "je sais" à tout ce que je dis?

— Je sais. C'est parce que je sais vraiment ce dont vous parlez.

— Nous comprenons les choses à un certain niveau de conscience, mais le niveau auquel vous voyez les choses pourrait être juste un niveau intellectuel.

— Je sais. [rires] Ha! Je recommence.

— C'est bien. Vous le voyez maintenant. Il pourrait être bon de ne pas être si rapide à dire "je sais". Vous savez déjà ce que vous savez. Cela vous a mené où vous êtes dans la vie. L'idée c'est d'aller vers "je ne sais pas", de vous ouvrir à ce qui est nouveau. Cela permet à de nouvelles prises de conscience de surgir du vide. Si vous gardez votre esprit rempli de ce que vous savez, vous ne leur laissez pas la chance d'arriver. Vous pourriez être plus curieuse à propos de ce que vous ne voyez pas encore.

— Je me suis rendu compte récemment qu'il y a une connexion entre mon besoin de montrer que je sais et ma peur d'être seule. Un jour en thérapie j'ai fait le lien que depuis que j'étais enfant je devais montrer que je savais. J'avais l'impression que je devais faire les devoirs pour mon frère parce que nous étions dans la même classe et qu'il n'arrivait pas à suivre, et s'il ratait son année je me serais retrouvée toute seule. Donc au fond il y a une peur d'être seule.

— Est-ce que vous savez que vous n'êtes jamais seule?

— Que voulez-vous dire?

— Vous êtes avec vous-même, votre «Moi» avec un grand "M".

— [décontenancée] Je sais que toutes les prises de conscience intéressantes que j'ai eues au cours de ma vie sont venues à travers ma sagesse intérieure. C'est juste que parfois j'oublie et je pense qu'elles sont venues de tous ces efforts et tout ce travail que j'ai fait.

— C'est génial de voir cela, mais je ne pense pas que ce soit le souci principal.

— Alors qu'est-ce que c'est?

— Je vais tenter de dire quelque chose au hasard. Dites-moi si j'ai tort. Vous pensez que les réponses se trouvent dans le passé.

— [reprenant son souffle] Oui, je le pense!

— Eh bien, elles ne s'y trouvent pas. Il n'y a pas de réponses dans le passé.

— N'y en a-t-il pas quelques-unes?

— Il n'y en a aucune. Jamais. Zéro. Nada. Rien.

— [effrayée] Attendez, attendez! Ne m'enlevez pas ça!

— Il semble que je touche une corde sensible ici. Mais je ne vous prends rien. Je ne peux pas! Je dis qu'il y a des réponses pour vous, mais vous regardez dans la mauvaise direction. Le passé est fini, mort, parti. La seule chose qui garde la passé vivant dans le présent ce sont vos propres pensées.

— Mais si je lâche le passé que me restera-t-il? [Elle s'arrête, respire profondément.] Maintenant je ressens ce terrible nœud, ce sentiment juste ici [Elle montre son plexus solaire.], tout au fond de moi. Regarder vers le passé pour trouver une solution à mes problèmes c'est tout ce que je sais faire. J'aimerais vraiment être libérée de ce sentiment mais c'est tout ce que je connais. Depuis l'âge de sept ou dix ans je pense que ce qui fait de moi une bonne personne, une bonne chrétienne, est fragile comme un verre qui pourrait être facilement brisé en le lavant. Peut-être que j'ai aussi adopté cette idée que vivre devait être difficile, qu'être une bonne personne impliquait le fait de travailler dur, comme faire des efforts pour comprendre le passé. [longue pause] J'ai tellement travaillé sur moi-même. Je sais que je dois lâcher plein de choses du passé. J'ai toujours eu le sentiment de porter ce gros sac à dos plein de tant d'expériences et de sentiments négatifs. Il est beaucoup plus léger aujourd'hui qu'il ne l'a jamais été, mais il est encore là. Il y a encore des choses horribles dedans qui sont bouleversantes et me font me sentir mal.

— Ce dont vous parlez maintenant c'est juste le passé. Que pensez-vous qu'il se passerait si vous laissiez tomber ce sac?

— Si je lâche le passé? [Elle hésite.] Je pourrais *devoir* être heureuse. [Elle sourit.]

— Vous seriez libre. [Son expression semblait indiquer qu'elle n'avait pas pleinement enregistré ce que j'avais dit, mais Julia m'a dit plus tard qu'elle avait entendu quelque chose, non pas de ma voix, mais comme si sa sagesse intérieure s'était réveillée et avait commencé à parler.] Est-ce que vous m'entendez? Vous seriez libre. Vous seriez *libre!*

— [touchée, silencieuse pour quelques instants] Pourquoi ai-je tellement peur de la liberté?

— Vous *êtes* libre. C'est juste que vous ne vous en rendez pas compte. Si vous n'aviez pas de pensées apeurées ou déprimées, vous seriez automatiquement libre parce que vous seriez connectée à votre Santé et votre sagesse. Qu'y a-t-il à craindre?

— J'ai l'impression qu'il y a une petite personne à l'intérieur de moi qui hurle, crie, désire, souffre. C'est quelque chose qui souvent ne me permet même pas d'apprécier le petit-déjeuner ou le travail ou la vie.

— Julia, ce ne sont que des pensées. [À nouveau, je pensais que le pouvoir de ce que je disais ne semblait pas percuter.] Ce sont *juste* des pensées. Ce ne sont que des *Pensées!*

— [assez touchée, silencieuse]

— Vous vouliez savoir la différence entre la thérapie traditionnelle et les Trois Principes? En voilà un exemple juste là. De nombreuses thérapies essaieraient de découvrir qui est cette petite personne à l'intérieur de vous et d'où elle vient, la disséquer, ou y penser différemment. En thérapie basée sur les Trois Principes la seule chose nécessaire est de voir réellement que cette petite personne à l'intérieur n'est autre qu'une illusion créée par votre propre pensée et cela ne veut rien dire d'autre que le pouvoir que vous y donnez (avec une autre pensée). Vous ne devez pas croire le message que cette petite personne vous crie. Si vous ne le croyiez pas il vous resterait votre Santé et votre sagesse—votre essence spirituelle. C'est là qu'est votre sécurité. Nous sommes protégés. Toujours.

— Je voudrais tellement être de l'autre côté, être capable de lâcher ces sentiments, ces idées, ces peurs, juste passer le seuil et être libre.

— Vous pouvez l'être et vous le serez. Ces idées que vous avez sur le passé, elles avaient du sens durant une certaine période.

— Oh, je suis tellement heureuse de vous l'entendre dire. Je pensais que vous envoyiez balader tout ce que je croyais qui m'a permis de continuer.

Ce n'est pas en pensant que nous pouvons trouver des solutions

— Cela vous a aidé à survivre de la meilleure façon que vous le pouviez à ce moment. Ces idées étaient utiles alors. Mais maintenant elles sont devenues une habitude et elles interfèrent et vous séparent de votre bien-être, de votre sagesse, de votre essence spirituelle. Nous utilisons par inadvertance notre propre pensée pour créer l'illusion que nous sommes séparés de notre essence spirituelle. Mais nous ne pouvons pas l'être. C'est impossible. Cette séparation illusoire semble faire partie de notre nature humaine. Cela cause toutes sortes de problèmes, en nous-même, au sein de nos relations et c'est même la cause de tous les problèmes du monde.

— Ce que vous dites est vraiment réconfortant. J'ai toujours soupçonné que ça ne devait pas être si difficile. Notre conversation me donne l'espoir d'être capable de vivre heureuse, et de savoir que pour la première fois je pourrais être libérée de ce sentiment de tristesse qui accompagne l'idée que tout doit être difficile. Je pourrais être libérée de la peur du bonheur et de la liberté, et juste être heureuse et libre, et juste utiliser ma sagesse pour me guider. Cela me semble tellement plus facile que tous les efforts que j'ai faits.

À nouveau le suprême paradoxe est celui-ci: Essayer de toutes nos forces de trouver une solution nous empêche de trouver une réponse, et c'est justement la raison pour laquelle nous essayons de trouver une solution. Une fois que nous réalisons cela pleinement nous tombons dans un état de grâce à propos de nos problèmes. Nous sommes de plus en plus ancrés, centrés et solides. Nous voyons de nouvelles choses. Nous trouvons des réponses.

Julia commençait à percevoir que nous ne devons pas chercher de solution à nos problèmes, ni le bonheur, par la réflexion. La sagesse laissée à elle-même, libérée de notre pensée analytique, montre le chemin.

Quelqu'un Aurait Dû Nous Le Dire!

Après cette conversation entre Julia et moi Gabriela proposa ce beau résumé:

— Il n'y a vraiment rien à craindre. J'ai des angoisses de temps en temps, mais je ne panique pas parce que je sais que je suis connectée à une énergie et une sagesse qui sont beaucoup plus grandes que moi, et je sais que cette énergie et cette sagesse vont me maintenir en sécurité. Donc tous ces petits événements et situations que nous craignons, je sais qu'ils ne seront pas capables de blesser mon âme.

6

Ce Qui Compte, C'est Ce Que L'On Sent, Et C'est Infaillible

Quand j'ai entendu le philosophe spirituel Sydney Banks dire pour la première fois "le secret est dans le sentiment" ou "la réponse est dans le sentiment" je n'avais aucune idée de ce dont il parlait. Maintenant oui, du moins pour ce que j'en vois pour le moment. C'est difficile à expliquer, donc je vous remercie d'avance pour votre patience.

Si à un quelconque moment nous ressentons de l'amour ou de la sérénité ou de la joie ou de la reconnaissance ou de la compassion ou de l'humilité ou de l'humour, notre esprit est déjà mobilisé pour faire tout ce qui doit être fait, pour créer chaque pensée qu'il doit créer, comme il doit le faire, afin de ressentir ce sentiment. Même si nous n'avons aucune idée sur ce qui fait que nous nous sentons bien, tout ce que nous devons savoir sur cette question est déjà actif en nous. Quand notre esprit fonctionne de cette façon saine nous ressentons la sensation liée à cet état. En d'autres mots, à chaque fois que nous avons ce sentiment, cela signifie que notre esprit est actif et fonctionne exactement comme il est censé fonctionner. Voilà le secret! Ce sentiment en lui-même contient toutes les connaissances et toute la sagesse dont nous avons besoin pour revenir à ce même sentiment. Quand nous ne nous sentons pas ainsi nous devons juste voir comment notre esprit fonctionne quand nous nous sentons bien, parce qu'à ces moments-là notre pensée maintient complètement le cap.

Si nous regardions notre esprit de près quand nous nous sentons mal, nous verrions notre esprit fonctionner d'une façon complètement différente. Nous pouvons voir la différence dans notre façon d'utiliser notre pensée. Dans la pensée habituelle ou dans le type de pensées que nous avons quand nous sommes d'humeur morose, nous perdons notre bon sentiment. L'émotion qui en résulte porte en elle l'intuition que notre pensée s'est éloignée des rails, est éloignée de notre bien-être, fonctionne d'une façon qui ne nous est pas du tout utile. Mais si nous savons que notre esprit pourrait être mobilisé de la même manière que lorsque nous avons un sentiment agréable, alors nous savons déjà comment récupérer ce sentiment agréable. Notre esprit doit simplement être mobilisé de cette façon. Le secret qui nous dévoile comment l'esprit fonctionne est intégré dans ce sentiment agréable.

Je vous avais dit que ce serait difficile à expliquer pour moi. Certains lecteurs pourraient penser: "Je n'ai aucune idée de ce dont il parle, mais ça a quelque chose de réconfortant." Ce sentiment en lui-même est suffisant! Dès qu'on commence à faire des efforts pour comprendre ce que cela signifie, on se sent moins bien. En bref c'est de cela que je parle.

À chaque instant nous nous trouvons à un certain niveau sur une "échelle de bien-être". Un *dix* indique le meilleur sentiment de bien-être qu'on pourrait imaginer et un *un* indique le pire. Il y a plein de niveaux entre les deux. À chaque instant chacun d'entre nous est à un certain niveau sur l'échelle de bien-être. Donc on pourrait se poser quelques questions:

À quel niveau est-ce que je me situe sur l'échelle à ce moment précis? À quel niveau sur l'échelle est-ce que je vis ma vie en général? Comment cela se compare-t-il au niveau où je me trouve maintenant? Est-ce que je suis à un niveau supérieur ou inférieur au niveau où je me trouvais souvent dans mon passé? À quel niveau suis-je d'habitude au travail? Y-a-t-il une différence entre quand je suis au boulot et quand je vis le reste de ma vie?

Parfois nous sommes plus en haut, parfois nous sommes plus en bas, mais la grande question est, « Qu'est-ce qui fait la différence? ». C'est la différence entre ce que nous avons à l'esprit quand nous sommes à des niveaux plus hauts ou plus bas.

La réponse à ces questions indique comment notre esprit fonctionne quand nous avons une baisse de moral, en comparaison avec comment il pourrait fonctionner de manière optimale. C'est là que le secret devient visible pour nous tous.

Les aéroports sont des endroits intéressants pour observer les gens. Depuis le 11 septembre les files sont souvent plus longues que ce que les gens avaient anticipé et quand l'heure de départ approche de nombreuses personnes coincées dans les longues files commencent à se faire du souci. J'en vois beaucoup qui commencent à paniquer, qui se mettent à bouillir intérieurement comme une cocotte-minute avant que la vapeur ne gicle aux yeux de tout le monde. Je suis désolé pour ces personnes parce que j'étais aussi comme ça avant. Regarder quelqu'un dans une de ces files, m'a rappelé quelque chose qui m'était arrivé dix ou quinze ans avant que je ne découvre les Trois Principes.

Quelqu'un Aurait Dû Nous Le Dire!

Ma voiture était en panne. Je vivais dans la campagne du Vermont et je devais faire l'aller-retour vers le travail, une navette de trente minutes à l'aller et au retour. Quelqu'un m'avait conduit ce matin-là, mais l'après-midi je n'avais trouvé personne pour me ramener parce que j'avais quitté le travail plus tôt. Donc j'ai fait de l'auto-stop. Cela ne m'inquiétait pas parce qu'après l'université en 1968 j'avais fait le tour du pays seul en stop. Bien que ce fût la fin des années 70 et que les choses eussent changé dans le monde de l'auto-stop, dans le Vermont elles n'avaient pas changé du tout. J'ai réussi à quitter Montpelier assez facilement avec des jeunes hippies, mais après un moment ils devaient quitter la route principale donc ils m'ont déposé au milieu de nulle part.

La journée n'aurait pas pu être plus belle. C'était une de ces journées parfaites, fraîches, claires, bleues et ensoleillées du début de l'automne. Debout sur la route, avec le pouce en l'air, à attendre qu'une rare voiture passe, je respirais la beauté, avec le visage tourné vers le soleil, la tête en arrière, les yeux à moitié clos. Je n'aurais pas pu être plus satisfait. Je suis resté dans cet état environ dix minutes.

Et puis j'ai eu la pensée: "Ooh, il faut que je rentre à la maison. Il faut que j'insiste pour que quelqu'un m'emmène."

Mon sentiment avait changé instantanément. Soudain j'étais pressé. Il fallait que je rentre à la maison. Je m'agitais chaque fois qu'une voiture passait.

Puis une autre pensée m'est venue à l'esprit. "Attend une minute! Que je m'inquiète parce que je ne vais pas rentrer chez moi à l'heure ou que je profite de cette journée magnifique, cela ne me rapprochera pas de la maison d'une seule seconde." Mon sentiment a changé de nouveau. Soudain j'étais aussi satisfait qu'auparavant.

Cinq minutes supplémentaires ont passé. Une autre pensée a surgi: "Oh non, je dois vraiment rentrer à la maison! Allez les voitures! Allez les gens! Ceci devient ridicule." J'ai commencé de nouveau à m'inquiéter et à m'agiter.

Puis je me suis souvenu de ma pensée précédente: "Mais est-ce que me faire du souci ou essayer d'arriver plus vite à la maison va vraiment me faire y arriver plus vite?" J'ai ri. Comme si le simple fait de le souhaiter allait faire passer un conducteur bienveillant. À nouveau mon sentiment agréable est revenu.

Au cours des dix minutes qui ont suivi je ne pouvais pas croire à quel rythme mes sentiments changeaient. Ils changeaient à chaque fois que j'avais une pensée différente! Bien que je sache que je ne serais pas dépanné plus vite en y pensant je retombais continuellement dans le panneau. Puis je réalisais de nouveau la futilité de tout cela. Puis j'oubliais. Puis je me le remémorais. Puis je l'oubliais de nouveau. J'étais époustouflé par le nombre de fois où cela s'était produit.

Et tout ce temps la situation était resté inchangée. J'étais coincé sur la route sans personne pour me conduire et je devais rentrer à la maison. Mes sentiments différents étaient causés par mes différentes pensées, mais avec quel sentiment est-ce que je préférais vivre? Quel sentiment indiquait que j'étais dans ma Santé? Est-ce que je ne préférais pas attendre qu'un automobiliste me prenne (ou attendre quoi que ce soit) dans ma Santé? J'ai vu mon sentiment dans le moment, dont je sais maintenant qu'il venait de mes propres pensées, et je savais avec quel sentiment je préférais vivre.

Je suis arrivé à la maison quand je suis arrivé.

Quelqu'un Aurait Dû Nous Le Dire!

Nous sommes chanceux, nous avons un mécanisme infaillible intégré qui nous permet de savoir si notre pensée nous garde dans un niveau bas ou élevé de conscience: nos sentiments. *Nos sentiments et nos émotions sont nos guides permanents. Leur fonction est de nous dire si notre pensée est sur les rails vers notre Santé et notre bien-être ou pas.*

Si nous ressentons de la colère, de la misère, de la dépression, de la frustration, de la jalousie, de la culpabilité ou de la peur (quelle que soit l'émotion), ces émotions existent pour nous faire savoir que notre pensée est à côté de la plaque et *on ne peut pas lui faire confiance*. Quand on se sent triste ou méchant, déprimé, en colère, soucieux ou anxieux, super-excité ou apeuré, nous ne pouvons pas faire confiance à ce que notre pensée nous dit. A partir du moment où nous sommes capables d'écouter nos sentiments quand ils nous mettent en garde contre les abus de notre pensée, à ce moment déjà, qu'on se range ou non à cet avis, notre niveau de conscience s'est déjà accru.

Et la peur? Est-ce que le sentiment de peur n'est pas utile? Pas de la façon dont la plupart des gens le pensent généralement.

De nombreuses personnes disent que la peur est utile. Par exemple, si je me promène dans les bois et un énorme ours croise mon chemin et que je ressens de la peur, c'est utile à cet instant. L'adrénaline fait son effet, et prépare mon corps à ce choix: je fuis, ou je me bats. Dans de telles circonstances la peur a certainement une fonction, mais seulement pour quelques instants.

Maintenant supposez que j'agisse sur base de cette peur. Je pourrais paniquer et faire quelque chose de stupide, peut-être exactement le contraire de ce qui serait approprié dans cette situation. Bien que la réaction peur-adrénaline ait préparé mon corps à l'action, si l'ours ne s'enfuit pas et décide de se battre je le regretterai sans doute. Je ne veux pas agir par peur. Je veux agir avec autant de sagesse lucide que je puisse trouver en cette circonstance. Si je ressens une peur écrasante je vais perdre la raison. J'aurai sans doute une réaction impulsive. Donc après la décharge initiale d'adrénaline, est-ce que la peur est encore utile? Je pense que non.

Le sentiment de peur ne saurait exister sans une pensée de peur, même si en général elle passe tellement vite qu'on ne s'en rend jamais compte. Je me suis rendu compte de cela quand on a adopté un nouveau petit chiot (très mignon) et que je l'ai emmené se promener dans les bois. Pendant que nous nous promenions en nous amusant Gypsy a aperçu soudainement un objet foncé dans les bois. Elle a pris peur; les poils de son cou se sont redressés, et elle a commencé à fuir. Que ce passait-il? Qu'est-ce que j'allais rencontrer?

Apparemment un arbre était tombé pendant une tempête et était maintenant couché sur son côté, ses immenses racines gisant à moitié sur le sol, comme des serpents entrelacés. Apparemment Gypsy avait pris peur d'un grand arbre foncé tombé avec des racines apparentes.

Je me suis rendu compte qu'apparemment les chiens apprennent ce dont ils doivent avoir peur; ce dont ils ont peur spécifiquement n'est pas instinctif. La façon dont leur corps réagit est instinctive: les poils qui se redressent dans le cou, la fuite, etc. Mais ce qui crée la peur n'est pas instinctif. Cela peut être instinctif de craindre des grands objets foncés, mais ils doivent interpréter si le grand objet foncé est dangereux. Gypsy a dû avoir une pensée canine que l'objet foncé voulait dire "danger!" Il est difficile de penser comme un chien, mais ce qui est évident c'est que si elle n'avait pas eu de pensée angoissante, elle n'aurait jamais eu peur d'un arbre couché sur son côté. C'est la même chose pour les humains. La peur est toujours précédée par une pensée angoissante parce que nous devons percevoir la peur pour commencer. Environ six mois avant qu'on adopte Gypsy, un jour que je me promenais dans ces mêmes bois, au détour d'un chemin j'ai vraiment vu un ours. Heureusement l'ours avait plus peur de moi que moi de lui parce qu'il est parti en courant incroyablement vite. On dit qu'un ours peut courir plus vite qu'un cheval sur des courtes distances, et le moindre doute que j'ai jamais eu à ce sujet a immédiatement disparu. Si cet ours avait voulu me poursuivre je n'aurais eu aucune chance parce que mon temps de réaction aurait été beaucoup trop lent. J'ai eu de la chance, l'ours est reparti dans une autre direction. Quand j'ai aperçu l'ours j'ai eu un sentiment de peur pour un moment. J'ai eu une poussée d'adrénaline et mon corps s'est préparé à réagir.

Bien que ça ne m'ait pas aidé beaucoup dans ce cas précis, j'admets que l'adrénaline nous permet de rassembler les ressources pour ce qu'on a à faire, et joue un rôle indispensable. La peur est censée nous servir de cette façon. Par contre, supposez que la prochaine fois que je me promène dans les bois je pense, "Aïe aïe aïe, que se passera-t-il et si je rencontre cet ours à nouveau et qu'il n'est pas aussi docile que la première fois ?" En fait, j'ai eu cette pensée, mais je ne l'ai pas prise au sérieux et je suis parti me promener quand même. Si j'avais pris cette pensée au sérieux j'aurais été apeuré à nouveau sans jamais avoir remis les pieds dans les bois. Je serais là, en sécurité dans ma maison, apeuré, l'adrénaline pompée à travers mon corps, mon corps est fin prêt, et il n'y a même pas d'ours. Est-ce que ça a du sens? Si je prenais ce sentiment au sérieux je ne pourrais plus jamais me promener dans les bois. (Heureusement il n'y a pas d'ours grizzlis dans le Vermont.)

Ce qui compte, c'est ce que l'on sent, et c'est infaillible

Après la montée initiale d'adrénaline la peur ne nous est plus utile. Peu importe notre émotion, que ce soit la peur, la colère, la jalousie, l'anxiété, la dépression ou le souci, cela atteint toujours un point où nous devons nous poser la question: "Est-ce que cela m'est utile?"

Et la colère? Est-ce que la colère n'est pas un sentiment utile et nécessaire?

À nouveau, pas de la façon dont la plupart des gens le pense.

Dans certaines situations la colère semble justifiée. Si quelqu'un vient et vole mon argent de nombreuses personnes diront que je devrais être en colère. Mais la colère n'est pas une évidence. La colère apparaît *à partir de la manière dont nous voyons les choses*. Si je pense: "Mon Dieu, qu'est-ce que cette personne doit penser pour interférer avec la vie de quelqu'un comme ça, pour n'avoir aucun respect pour les autres? Cette personne doit vivre dans un monde horrible pour être capable de faire cela à quelqu'un.", je ne ressens pas de colère. Je ressens quelque chose de proche de la compassion. La colère provient de la façon dont nous voyons les choses, de la façon dont nous pensons les choses. [Plus à ce sujet dans le Chapitre 8.]

Est-ce que la colère me rend mon argent? Non. Est-ce qu'être malheureux me rend mon argent? Non. Est-ce que la compassion me rend mon argent? Non. De toute façon je n'ai plus mon argent. Mais c'est à moi de vivre avec mes propres sentiments. Ce sont les miens. Avec quel sentiment est-ce que je préfère vivre?

Certains disent que la colère nous motive à passer à l'action. Alors en supposant que dans ma colère j'aille hurler au bureau de police et que j'exige qu'ils trouvent ce type. Ou que dans ma colère

111

je secoue chaque personne qui passe pour voir si elle a pris mon argent. Je suis certainement motivé, mais est-ce que ces actions sont constructives? Au lieu de la colère je préférerais que la sagesse soit ma force motrice. Je préférerais que la sagesse me guide dans ce que je fais. Quand la colère est présente la sagesse est bloquée; elle ne peut pas passer. Je me mets des bâtons dans les roues.

Comment puis-je savoir si c'est ma sagesse qui parle et non ma colère? Ça se rattache à un autre type de sentiment. C'est quelque chose de calme, de stable, de sûr. Le sentiment est infaillible. Il me dit toujours quelles pensées écouter.

Le sentiment est comme un feu de circulation. Un sentiment feu orange (dans ce cas, l'énervement) signifie que notre pensée doit ralentir, il faut agir avec prudence. Mieux vaut prendre un peu de recul et observer ce qu'il se passe. Une émotion feu rouge (dans ce cas, la colère fulgurante) signifie qu'il faut s'arrêtez, notre pensée n'est simplement pas digne de confiance. Il est temps de reprendre nos repères et de se calmer. Un sentiment feu vert (dans ce cas, de la compassion ou le sentiment "que tout se terminera bien") signifie que notre pensée est sur les rails de notre Santé. On peut continuer. Je déposerai sûrement une plainte mais uniquement quand je serai revenu à des sentiments meilleurs. Je n'en serai que mieux entendu.

Quand nous utilisons nos sentiments comme signaux de cette façon, nos sentiments semblent changer. Ils gagnent en qualité. Nous nous sentons mieux, plus centrés, plus sages. Et ça, nous pouvons nous y fier!

Quand nous faisons confiance à ce que le sentiment nous dit, nous sommes en sécurité, parce que nous savons que nous ne devons pas suivre ce que notre pensée nous dicte à notre détriment.

Ce qui compte, c'est ce que l'on sent, et c'est infaillible

Parfois nous passons à coté de ce que nos sentiments nous disent parce que nous nous habituons tellement au sentiment qu'il semble normal. Cela se passe le plus souvent quand nous laissons libre cours à nos reflexes de pensée les plus enracinés, où sans le savoir nous utilisons souvent notre pensée contre nous-même. Parfois nous pouvons même sacrifier notre propre bien-être pour une illusion. Prenez, par exemple, les gens que j'appelle affectueusement "les éponges". Avec ce terme je n'ai pas l'intention de mettre qui que ce soit dans une case. Je veux seulement dire que j'ai remarqué qu'un certain nombre de personne suit une trame de pensée similaire. Ces gens qui laissent les autres passer avant eux, ce qui est une belle chose, sauf s'ils le font à leur détriment. Tom, par exemple [Chapitre 5], acceptait toutes ces missions qu'on lui confiait au travail à son détriment alors qu'il sentait bien qu'il ne fallait pas se fier à cette façon de penser. La plupart des autres que j'ai rencontré sont des femmes qui pensent qu'elles ont le devoir d'avaler tout ce que fait leur conjoint, qu'elles ont le devoir de sauvegarder la relation, de la maintenir à flot quoi qu'il arrive soi-disant pour le bien de cette relation ou pour la paix familiale ou pour ce qu'elles pensent être (erreur fatale !) leur propre paix intérieure. Malgré le sentiment de dépit qu'apporte ce type de posture, cela reste plus simple que de tout balancer.

Joséphine acceptait que son compagnon fume des joints tout le temps et ne semble pas avoir la moindre ambition de trouver un travail. Bien que lors de leur rencontre elle ait trouvé cela attachant parce qu'elle admirait sa liberté, après un certain temps cela avait commencé à l'ulcérer. Elle devait faire en sorte qu'assez d'argent rentre, et il n'y en avait pas assez. Elle avait commencé à faire des allusions subtiles. Il ne les entendait pas. Cependant, elle voulait voir le meilleur en lui. Elle voulait voir sa Santé ; elle ne voulait pas voir de problèmes. En plus, prendre le taureau par les cornes aurait bousculé leur relation, et ils avaient une bonne relation. Donc, elle devait prendre la responsabilité de maintenir la relation. Du moins c'est ce qu'elle pensait. Si elle ouvrait la porte, elle n'était pas tout à fait sûre de ce qu'elle trouverait derrière. La peur s'était emparée d'elle. Et elle la prenait, l'absorbait.

Le compagnon de Tina était attirant, athlétique, beau et intelligent. Son seul problème était qu'il semblait incapable de gérer sa vie. Il travaillait réellement dur mais cela ne le menait nulle part et cela le stressait complètement. Parfois il tombait dans une déprime profonde. Elle ne pouvait pas l'en sortir. Elle restait avec lui parce qu'il avait besoin d'elle; il ne survivrait pas sans elle. Elle faisait cela bien qu'elle en fût de plus en plus malheureuse au point de s'y perdre. Elle absorbait la douleur pour son bien à lui.

Le mari d'Anne ne s'entendait pas très bien avec ses adolescents d'un mariage précédant. Une de ses sœurs, qui vivait dans les Caraïbes, était devenue accro au crac, avait donné naissance à un bébé, ne pouvait pas s'en occuper, avait été jetée en prison et aucun des membres de sa famille là-bas ne voulait avoir quoi que ce soit à faire avec elle. Sa petite fille allait être envoyée dans une famille d'accueil. Le mari d'Anne voulait accueillir l'enfant de sa sœur, un geste noble de sa part, mais Anne savait que l'entière responsabilité retomberait sur elle, parce que toutes les responsabilités pour le ménage retombaient toujours sur elle. Elle lui a dit qu'elle ne voulait pas le faire. C'était un bébé affecté par le crac et la cocaïne qui allait sans doute nécessiter énormément d'attention et de soins, et Anne avait peur de l'effet que cela pouvait avoir sur leurs autres enfants. Son mari a insisté. Anne a fini par accepter. Comme prédit, il a pris très peu de responsabilité pour le soin de cet enfant; tout est retombé sur elle. Quand la petite fille a grandi et est allée à l'école elle a commencé à présenter de sérieux problèmes comportementaux. Elle a commencé à torturer leur plus jeune fils. Anne voulait l'envoyer faire un bilan de santé mental; son mari ne voulait rien entendre. Le comportement de cette petite fille commençait à rendre Anne folle. Elle avait peu d'énergie à dévouer à ses autres enfants. Sa relation avec sa fille aînée a commencé à se détériorer. Anne a commencé à tomber malade fréquemment. Cela affectait son travail. Elle pensait au suicide; cela semblait la seule issue, mais elle ne pouvait pas à cause de ses autres enfants. Cependant, elle refusait de dire à son mari qu'elle n'y arrivait plus, elle absorbait tout pour le bien de la relation.

Le phénomène des "éponges" est causé par de la pensée défaillante qui dit: "Je suis celui/celle qui doit se sacrifier. Je dois prendre toute la responsabilité." Cette façon de penser est une illusion qui ressemble à la réalité.

Comment pouvons-nous le savoir? *On a le sentiment qu'il y a quelque chose qui cloche.* Une relation saine repose sur le bonheur de ses membres et n'est pas l'absorption de toutes les difficultés par une personne, ce n'est pas le sacrifice d'une personne. Dans une relation saine, les deux parties trouvent un accord quand il y a une différence de point de vue, une différence de satisfaction. Dans une relation saine il y a réciprocité. Comment savoir? Une relation est saine si on se sent bien. À nouveau, le sentiment est infaillible.

Et si quelqu'un ne sait pas comment il se sent? Comment le sentiment peut-il être utilisé comme un signal?

Est-ce qu'on se sent bien ou mal? C'est tout ce que nous devons savoir.

Certaines personnes disent: "Je me sens apathique, je ne sens rien. " Je dirais que "apathique" ne tombe pas dans le registre "se sentir bien", donc cela signifie que nous avons de la pensée défaillante à laquelle nous ne pouvons pas faire confiance, à laquelle nous ne pouvons pas nous fier.

Devons-nous savoir exactement quelles pensées sont responsables de notre mal-être?

Non. Si je me sens mal, tant que je sais que cela provient de ma propre pensée et non pas du monde extérieur, que je suis la personne qui produit des pensées désagréables pour une raison quelconque, que ma pensée fait fausse route et que je ne peux pas lui faire confiance, le fait de savoir cela semble être suffisant pour que l'émotion perde son intensité.

Personnellement, parfois je trouve cela utile de savoir ce qu'est ma pensée spécifique. J'adore quand une pensée cachée se révèle à moi, quand elle sort de l'angle mort. Plus cette pensée est amenée à la lumière, moins elle me contrôle, comme quand je n'étais pas serein pendant que j'écrivais ma thèse. Cela peut paraître comme une contradiction, mais ce n'en est pas une.

Ce que je trouve inutile, c'est le fait de chercher activement une pensée cachée ou notre angle mort, parce que ce type de recherche est souvent futile et mène à la frustration. En effet, on mobilise dans cette recherche notre esprit analytique qui est précisément celui qui a créé cet angle mort. Dans ce cas, le but de notre esprit analytique est de protéger l'angle mort et de nous empêcher de voir ce qui s'y trouve.

Au lieu de chercher ou d'analyser, notre pensée cachée et nos angles morts se révèlent naturellement à nous quand nous sommes prêts à les voir. Excusez-moi pour cet exemple, mais quand nous sommes constipés nous pouvons pousser et faire un effort excessif et cela ne nous apportera rien, sauf peut-être des hémorroïdes. Ou nous pouvons nous relaxer, vivre notre vie, manger sain et attendre le soulagement quand le corps est prêt. Il se peut que ça ne vienne pas plus vite. Il se peut que ce soit aussi inconfortable. Mais au moins nous ne rajoutons pas au fardeau, nous n'ajoutons pas de stress sur le système. (Parfois les exemples imagés aident à illustrer un point.) Si nous voulons vraiment découvrir nos angles morts et peut-être accélérer le processus nous pourrions demander (à l'Esprit Universel): "J'aimerais voir pourquoi je me sens comme ça." Et puis on oublie. Une réponse est plus susceptible de venir quand l'esprit est apaisé.

Parfois le sentiment semble tellement réel que cela nous affecte physiquement. La neurobiologiste Candace Pert, auteur du livre *Les molécules de l'émotion*, peut en attester. Comme habitant de la Nouvelle Angleterre, je suis un fan inconditionnel des Red Sox. Avec tous les autres fans des Red Sox j'ai été frustré toute ma vie. Donc pendant la saison 2004 quand ils avaient d'abord perdu trois matchs dans la série de la Ligue américaine face aux redoutables New York Yankees (qui gagnaient toujours), et que tout à coup les Red Sox ont gagnés les trois matchs suivants pour faire match nul dans la série, j'étais très enthousiaste. Dans la partie finale Derek Lowe avait joué un match fantastique et les Red Sox étaient en avance de quelques points quand le manager, Terry Francona, l'a sorti du match et l'a remplacé par Pedro Martinez, qui est un joueur fantastique mais qui était fatigué et avait perdu plus de points que d'habitude au cours de ces dernières performances. Je ne pouvais pas y croire! Je pensais que c'était une décision presque aussi stupide que quand le manager de l'année précédente avait gardé Pedro trop longtemps dans le match final bien qu'il soit fatigué, et que les Red Sox avaient perdu la série (en faveur des Yankees, bien entendu). J'ai hurlé vers la télévision: "Non!" J'étais certain que c'était un mauvais présage. Ils allaient perdre à nouveau! Ils perdaient toujours. Le premier frappeur a frappé une balle lancée par Pedro. Mon cœur a commencé à battre très fort. Je sentais une tension dans ma poitrine. Le second frappeur a frappé une balle de Pedro également. "Oh non!" J'étais absolument certain que les Red Sox allaient perdre. La tension s'est transformée en douleur. Je me suis souvenu que l'ancien Président Clinton avait eu une douleur dans sa poitrine et avait terminé en chirurgie cardiaque. J'étais tellement convaincu que les Red Sox allaient perdre que la douleur est devenue insupportable. Je n'en pouvais plus. J'ai dû quitter la pièce et aller au lit. Ce sentiment n'avait rien à voir avec ma pensée, bien entendu; c'était réel! Ou en tout cas, c'est ce que je pensais.

Bien entendu ça avait tout à voir avec ma pensée! Dès que je me suis éloigné de la télévision et que je me suis résigné au fait que les Red Sox perdraient à nouveau, la douleur dans ma poitrine s'est calmée. Je me suis réveillé le lendemain et j'ai entendu que les Red Sox avaient gagné. Judy, pendant ce temps-là, s'est régalée en regardant les Sox gagner et me taquinait sans merci. Mais, miraculeusement, la douleur dans ma poitrine avait disparu complètement et n'est jamais revenue. J'avais été tellement consumé par cette pensée qu'ils étaient de nouveau en train de perdre et de ce que cela voulait dire pour moi, que je pensais que les Red Sox m'infligeaient tout cela à moi, personnellement. J'avais oublié que je me l'infligeais à moi-même. Je suis la personne qui avait décidé que c'était important que les Red Sox gagnent. C'est juste un match de baseball! Je suis la personne qui avait décidé qu'ils allaient perdre (et puisqu'ils n'ont pas perdu, l'illusion de cette pensée est évidente). Je suis la personne qui avait décidé que je n'en pouvais plus, et à cause de cela j'ai raté la victoire et la fête que j'avais attendue toute ma vie. Je suis la personne dont la pensée fut la cause de mon sentiment "Oh non!" et de la tension dans ma poitrine. J'étais tellement enlisé là-dedans que je ne voyais pas tout cela comme ma propre pensée. Mon sentiment émotionnel, bien entendu, me hurlait pendant tout ce temps pour que je le voie. Grâce à Dieu les Red Sox ont fini par gagner la Série mondiale. Je peux me reposer paisiblement maintenant.

À chaque fois que nous ressentons une émotion telle que la colère, la frustration, le stress, la jalousie, la culpabilité, l'anxiété, le souci, la peur, la dépression nous avons deux options. Soit nous pouvons voir cette émotion comme quelque chose qui provient du monde extérieur; c'est à dire, de quelqu'un ou de quelque chose. Soit nous pouvons voir que l'émotion provient de notre propre pensée, de nous-mêmes.

Tant que nous pensons que notre émotion provient du monde extérieur nous sommes condamnés à ressentir cette émotion jusqu'à ce que le monde extérieur change.

Quand nous voyons que notre émotion provient *de notre propre pensée*, nous savons qu'elle va se dissiper quand notre pensée changera, parce que notre pensée change toujours en fin de compte. Si nous savons que nous sommes la personne qui invente les émotions, nous pouvons décider avec quel sentiment nous préférons vivre. Comme dit Yogi Berra [célèbre joueur de baseball]: "Quand vous arrivez à l'intersection, prenez-la."

Imaginez notre Santé comme une boule de lumière pure à l'intérieur de nous. Le centre de cette lumière contient et émane de l'amour pur. Quand la lumière s'étend de plus en plus loin de son centre elle perd de plus en plus de pureté et de force et devient graduellement plus foncée, plus dense. Si une règle partait de ce centre de lumière et se prolongeait jusqu'à notre espace le plus noir nous pourrions (figurativement) mesurer à quelle distance chaque sentiment et émotion se trouve de l'amour pur.

En d'autres mots, si nous sommes tellement déprimés et désespérés que nous nous sentons suicidaires, notre règle nous dirait que nous sommes environ aussi loin qu'il est possible de l'être de l'amour pur et la Santé.

Si nous avons de la peine, nous sommes encore toujours loin, mais la distance vers l'amour pur et la Santé est légèrement plus courte.

Si nous ressentons un peu de tristesse, la distance est encore moins grande. Si nous ne sentons qu'une petite touche de tristesse, la distance est encore moindre. [Note: Je ne dis pas que ce n'est pas naturel de se sentir triste quand, par exemple, quelqu'un de proche décède. Bien entendu cela est naturel! Cette tristesse ne peut pas nous faire de mal, si nous lui permettons de venir et de repartir sans y rattacher une signification. Mais certaines personnes commencent à vivre dans la tristesse, et cela définit leur vie. Le sentiment de tristesse naturelle est corrompu et devient néfaste. À un certain point, la tristesse continuelle ne nous est plus utile.]

Si nous avons un sentiment aigre-doux, la distance vers notre Santé est encore moindre.

Si nous nous sentons bien à propos de ce qui s'est passé, c'est encore moins.

Si nous sommes soulagés, c'est encore moins.

Si nous ressentons de l'humilité ou de la compassion, c'est encore moins. Maintenant nous nous rapprochons assez fort de l'amour et la Santé.

Si nous sommes joyeux, nous sommes peut-être encore plus près de la Santé.

Si nous ressentons l'amour inconditionnel ou la sérénité pure, nous sommes peut-être au plus près de ce qui soit imaginable. Ceci est la règle. Je me demande si c'est ce que John Lennon voulait dire dans la chanson "Dieu" quand il chantait: "Dieu est un concept avec lequel nous mesurons notre douleur."

Nous pourrions placer la colère sur la même échelle verticale, d'une totale indignation et rage vers la colère, vers l'irritation, vers un léger énervement, vers un sentiment neutre, vers un sentiment d'être bien, vers la compassion, vers la sérénité ou l'amour qu'est notre Santé. Nous pourrions faire cela avec n'importe quel sentiment ou émotion. Il y a sans doute des niveaux infinis.

La seule différence entre un lac avec des vagues et un lac sans vague c'est le vent. Sans vent un lac serait calme. Sans pensée nous serions calmes. Nous ne pouvons savoir à quel point le vent a un effet de turbulence sur le lac qu'en voyant la taille et la force des vagues. Nous pouvons savoir combien d'effet notre pensée a sur nous par la taille et la force de nos sentiments.

Le vent est invisible. Nous pouvons seulement en ressentir les effets. La plupart des pensées qui nous affectent sont aussi invisibles. Nos sentiments sont la seule chose qui nous dise que quelque chose ne va pas.

La chose la plus importante est de continuer à se rendre compte que le sentiment que nous voulons est déjà en nous. Il est juste caché, obscurci par nos propres créations de pensées. Nous avons déjà ce que nous recherchons.

L'histoire de Monica

Pendant une pause lors de la deuxième journée d'une formation sur les Trois Principes j'ai vu Monica debout étourdie, le visage empourpré. Je suis allé vers elle et je lui ai demandé ce qu'il se passait. Elle m'a dit qu'elle venait d'avoir une énorme prise de conscience et qu'elle se sentait très bizarre, complètement différente, comme si une vague d'énergie venait de souffler à travers son corps. À ce moment je savais que Monica ne serait plus jamais la même. Voici comment elle m'a raconté son histoire:

Je vois la vie très différemment qu'il y a encore quelques jours, mais décrire ma vie comme je la vois maintenant n'aurait pas beaucoup de sens, donc je vais d'abord décrire comment je voyais ma vie avant d'assister au séminaire sur les Trois Principes.

Pendant mon enfance mes parents étaient des travailleurs migrants. Ils déménageaient avec les saisons. Je suis née en Ohio, mais je n'ai vécu là-bas que trois jours. Ma première expérience éducative était dans un centre éducatif pour hispaniques. Ceci est l'endroit où je crois avoir appris que mon éducation n'était pas acceptable pour la société. Il est vrai que nos conditions de vie n'étaient pas géniales, mais ce qui a eu le plus d'impact sur moi c'était l'abondance de croyances malsaines et les comportements qui en découlaient. Mon père était incestueux, et beaucoup de nos voisins étaient des pédophiles.

Quand j'avais sept ans ma mère a quitté mon père après avoir reçu un coup à l'utérus qui a tué ma sœur. Cependant, le fait que

123

ma mère quitte mon père n'a pas arrêté les événements négatifs dans ma vie. Mon sac à dos d'expériences de vie négatives devenait de plus en plus gros. Quand mon père est parti, l'abus sexuel a continué avec les petits-amis de ma mère, un beau-père et certains adolescents et adultes du quartier, pas juste des hommes, mais majoritairement. (Je ne sais pas quels sont les statistiques sur la pauvreté et les comportements malsains, mais dans ma situation ils semblaient aller de pair.)

Adolescente, je me sentais chargée par ce fardeau et j'ai cherché par tous les moyens d'oublier un instant. Cela m'a amené à encore plus de situations malsaines (criminalité, drogues, etc...). A seize ans je me suis retrouvée enceinte, chargée par le sac à dos de maltraitance et la grossesse, mon corps a commencé à se purger de façon naturelle de ce sac à dos toxique. J'ai commencé à avoir des flash-backs. Quand j'étais enceinte de ma fille j'ai essayé de compter le nombre de fois où j'avais été abusée sexuellement. Je me suis arrêtée a vingt et je me suis demandée à quoi bon. J'ai commencé à avoir des trous de mémoire, et des phobies. Je suis allée en thérapie et j'ai appris à vivre avec les effets secondaires. J'ai épousé le père de mon enfant et je suis resté avec lui six ans avant de me rendre compte que j'étais dans un mariage abusif. J'ai quitté mon mari en sachant que je ne voulais plus être rabaissée, frappée et humiliée. Je voulais juste être moi. Je ne m'étais pas rendu compte que j'étais partie en croyant que j'étais le type de personne qui attirait les personnes abusives.

Puis j'ai commencé à sortir avec un type un an après mon divorce, et je suis allée d'une mauvaise situation à une situation beaucoup plus effrayante. Après quelques épisodes violents je suis allée devant les tribunaux en espérant protéger ma famille des menaces qu'il avait proférées à leur encontre. J'ai obtenu une ordonnance de protection, ce qui l'a enragé et il a violé l'ordonnance. Il a été relâché sous conditions, qu'il a aussi violées. L'officier de police avec qui j'ai parlé de la dernière violation m'a informé qu'il ne pouvait rien faire à cette situation et que je devais contacter le procureur le lendemain. J'ai fini par aller au bureau de police pour déposer plainte. Pendant que je courais à gauche et à droite pour essayer de le faire arrêter, il est entré par effraction dans la maison de ma mère (où je vivais) et il m'a attendue. Ma mère est rentrée avant moi, et il l'a kidnappée et violée.

Le long processus judiciaire a eu des répercussions sur moi. Une déposition exténuante de huit heures m'a laissée le sentiment d'être sale, fautive, coupable, une ratée complète. Cela a pris cinq longues années pour que cet homme soit condamné, et pendant ce temps j'ai continué à recevoir des lettres de sa part menaçant ma famille et moi. Quand l'avocat de la défense a dit que je l'avais invité dans la maison de ma mère pour lui tendre un piège, je n'ai même pas pu me défendre, et j'ai supplié le juge de me laisser rentrer à la maison. Il n'a jamais été condamné pour le viol. Il a été impossible de prouver que je n'étais pas responsable des traces laissées sur le lit de ma mère. (Ils ont donné l'impression que j'avais couché avec lui dans le lit de ma mère et que c'était pour cela qu'il y avait du sperme et des cheveux dans le lit. Mais je n'avais jamais couché avec lui dans ce lit.) Donc il a été condamné seulement pour kidnapping, pour être entré par effraction et pour agression.

Mon esprit ne se portait pas très bien. Mon sac à dos était devenu un grand sac couvrant toute la longueur de mon corps. Ce sac contenait des messages pour moi, dont quelques-uns étaient: j'étais prédestinée dès la naissance à subir toute la colère que qui que ce soit choisirait de rejeter sur moi. Sinon pourquoi un père ferait-il du mal à son enfant? J'avais reçu ce que je méritais. J'étais inadéquate. Il me manquait quelque chose. Je n'étais pas assez bien. Et maintenant j'avais exposé ma famille à un homme qui leur avait fait du mal.

Quelqu'un Aurait Dû Nous Le Dire!

L'éducation, la thérapie, le fait de rencontrer des gens formidables, mes enfants, sans oublier ma Santé Innée m'ont aidée à supporter ce lourd sac à dos. Ce n'est qu'il y a quelques jours de cela que j'ai découvert que je pouvais enlever, non, me débarrasser, de ce sac à dos. Non, je n'ai pas découvert comment effacer ma mémoire. En fait, quelque chose de bien mieux. Je me suis rendue compte que je ne le voulais pas. J'aime bien qui je suis et sans mes expériences je ne serais pas qui je suis aujourd'hui.

Cette prise de conscience m'est venue sous forme de petits fragments de conversations qui se sont déroulées pendant le séminaire sur les Trois Principes, mais le plus important s'est produit quand notre présentateur a fait entrer une héroïnomane en rémission pour qu'elle raconte son histoire. Elle a dit que bien qu'elle aimerait se libérer du besoin de marijuana, elle en avait fumé la nuit précédente. Elle a dit qu'elle ne devait pas être parfaite ou scruter chaque petit événement en elle pour avoir une image d'elle favorable. Elle n'allait pas se flageller pour cela. La gentillesse que je l'ai vue se porter à elle-même a servi chez moi de catalyseur à la pensée selon laquelle mon passé n'avait de l'emprise sur moi que parce que je le lui permettais, par mes pensées.

Ma seconde pensée a été que j'avais créé la réalité de mon passé, et que j'avais la capacité de la recréer. Cette pensée m'a amené à un sentiment euphorique de pouvoir personnel. Cela a changé la façon dont je voyais ma vie. Je me suis soudainement rendue compte que je ne devais pas emporter partout ce sac à dos, mais je choisissais de le faire. De nombreuses émotions se sont bousculées en moi, en un coup, lorsque je me suis rendue compte: "Je suis Saine. Je suis parfaitement bien comme je suis." Ce n'est que quand j'imagine que je ne le suis pas que je m'éloigne de plus en plus de la vérité. J'ai même un autre sentiment envers mes agresseurs. C'est comme si le poids de cinquante années avait été enlevé de mes épaules fatiguées. Ce poids n'est jamais revenu.

Donc où est-ce que cette réalisation m'a menée? À un autre niveau de vie. Avant, je me traînais. Maintenant j'en profite! Ma relation actuelle avec mon compagnon a grandi à grands pas. Il était la première personne avec qui j'ai partagé mes nouvelles connaissances, et à notre surprise à tous les deux, il a compris! Nous passons plus de temps a vraiment écouter ce que l'autre personne dit. Nous écoutons avec un cœur ouvert. Je ne peux pas décrire avec des mots ce qui empêchait notre relation d'être saine sauf que nous n'étions pas dans notre Santé.

Mon job a été de tester cette nouvelle prise de conscience chaque jour, et chaque jour il me semble de plus en plus difficile ne pas être connectée à ma Santé Innée intérieure. Mes yeux et mon cœur se sont ouverts. Et même si je veux en parler au monde entier, je sais que je dois d'abord continuer à vivre en pleine santé et en faisant cela d'autres se joindront à moi. Mon sentiment par rapport à [mon ex copain] a aussi changé. Est-ce que je veux le rencontrer dans la rue? Non. Mais je ne le crains plus. (Il essaie de sortir de prison pour cause d'hépatite.) Je ressens plutôt de la tristesse que ces yeux et son cœur ne soient pas ouverts. L'eau passe sous les ponts. Si je garde de la rancune je me sens vraiment mal. Si je vois l'innocence des choses alors il n'y a personne contre qui garder de la rancune.

En général dans ma vie je me sens forte (je pourrais faire face à n'importe quoi), calme (mon esprit ne s'emballe que quand je doute de moi), à l'aise, entière, je ressens de la fierté, de l'amour pour moi-même et j'ai une vue optimiste sur le monde. Merci de m'avoir montré ce que j'ai toujours su et ressenti mais que je ne pouvais pas croire jusqu'à ce que je l'ai vu en quelqu'un d'autre.

7

La Vie, C'est Comme Une Auberge Espagnole, On N'Y Trouve Que Ce Que L'On Y Voit

Dans mon livre, *Prevention from the Inside-Out**, Lisa (du Chapitre 1) a raconté que dès la naissance de sa fille elle l'avait vue comme une petite terreur manipulatrice.

Sa fille Bridgett pleurait et gémissait depuis le début. Très vite elle hurlait tout le temps. Elle semblait se tordre de douleur de souffrance. Après six mois Lisa a découvert que sa fille était allergique à son lait maternel. Cela expliquait la douleur et les pleurs. Lisa est passée vers un lait pour nourrissons à base de soja et Bridgett fut soulagée instantanément. Deux ou trois jours de paix, jusqu'à ce qu'elle eut sa première dent et sa première otite. Les hurlements reprirent. A la suite de quoi elle eut une série de poussées dentaires et d'otites. A nouveau des pleurs et des hurlements. Bientôt Bridgett apprit à pleurer pour obtenir ce qu'elle voulait. Lisa avait l'impression qu'elle n'avait jamais eu l'occasion de tisser des liens avec sa fille, elle était trop occupée à combattre la manipulation et les bêtises.

---

* Pransky, J. (2003). *Prevention from the Inside-Out.* Bloomington, IN: Author House.

Quelqu'un Aurait Dû Nous Le Dire!

Un jour dans une formation long-terme professionnelle des Trois Principes Lisa s'est plainte de sa fille et de leur relation. En première approche il a semblé à la plupart des participants qu'il lui fallait de meilleures compétences parentales. J'ai entendu un problème plus profond. Le plus grand problème était comment Lisa *voyait* sa fille. Pendant sept ans elle l'avait vue comme une petite terreur manipulatrice et comploteuse.

Je lui ai demandé:

— Lisa, est-ce que tu penses que ta fille pourrait être vue d'une autre façon?

Pleine de sarcasme elle a répondu:

— Oh oui, je vais voir ma fille comme une petite chose douce et précieuse.

Soudainement une image est apparue devant elle en un éclair. Elle a vu sa fille faire une crise de colère par terre. Lisa avait attribué la raison de la crise au fait que Bridgett était une terreur manipulatrice. Lisa s'est rendue compte alors:

— Oh mon Dieu, j'invente la raison pourquoi ma fille a une crise de colère. Comme j'ai inventé qu'elle me rejetait quand je ne savais pas qu'elle était allergique à mon lait maternel. Je ne sais pas vraiment pourquoi elle fait cela.

Puis Lisa a eu une prise de conscience énorme:

— Oh mon Dieu! [elle en avait le souffle coupé] J'invente qui est ma fille! Je crée l'illusion que ma fille est une terreur manipulatrice, puis je me comporte envers elle *comme si* elle l'était vraiment.

Lisa voyait soudainement une autre enfant.

Grâce à la prise de conscience de Lisa tout a changé. Quand elle est arrivée à la maison elle s'est excusée immédiatement auprès de Bridgett. Depuis ce moment-là, elles ont eu une relation magnifique.

La vie, c'est comme une auberge espagnole,
on n'y trouve que ce que l'on y voit

La seule chose qui a changé est la pensée de Lisa, de "Elle est une petite terreur manipulatrice." vers, "J'invente qui elle est." *Quelque soit l'illusion que nous voyons, c'est exactement cela que nous vivons.* Si nous voyons une terreur manipulatrice, nous avons l'expérience d'une terreur manipulatrice. La Conscience prend cette pensée et la fait apparaître comme la réalité. Par contre, quand nous voyons une illusion pour ce qu'elle est vraiment, de nouvelles possibilités apparaissent instantanément. Nous nous rendons compte que nous pourrions imaginer *quoi que ce soit* sur nos enfants, ainsi que sur tout le monde et tout le reste. Tout est possible. N'importe qui peut nous sembler différent. N'importe quelle situation peut nous sembler différente. Chaque niveau de conscience présente un filtre différent à travers lequel nous regardons. C'est nous qui créons les filtres.

Tout ce dont nous devons nous rendre compte c'est que notre ressenti des gens et des choses, à un moment donné, vient *de nous,* et pas d'eux! Le simple fait de voir cela change ce que nous voyons à un certain degré, parce que nous avons plus de perspective. Quand nous voyons l'illusion nous ne sommes plus coincés avec la "réalité" que nous voyons et un monde de possibilités s'ouvre à nous. Des possibilités quasi infinies se présentent, mais nous choisissons par inadvertance celle que nous voyons à chaque instant. Cependant, si nous nous rendons compte qu'il y a cet éventail de possibilités dans chaque instant, nous avons l'opportunité de prendre ce que nous voyons un peu moins sérieusement que nous ne le ferions normalement. De nouveaux mondes peuvent s'ouvrir à nous, comme ce fut le cas pour Lisa.

Lisa ne peut pas s'empêcher d'avoir occasionnellement une pensée comme "Ma fille me manipule." ou "Elle se comporte comme une petite terreur." Cependant, maintenant quand cela se produit c'est seulement une habitude de pensée qui revient, en particulier quand elle est de mauvaise humeur. Comme John Nash dans *Un homme d'exception* elle peut voir clair et ne pas croire ce genre de pensée. Même quand Nash s'est rendu compte qu'il créait des illusions paranoïdes schizophrènes il ne pouvait pas les arrêter; il les voyait encore toujours. Jusqu'à ce qu'il se rende compte que l'enfant qu'il voyait n'avait pas vieilli au fil des années. Soudainement il voyait les illusions pour ce qu'elles étaient, il savait qu'il en était le créateur, il se rendait compte qu'il ne devait pas y croire; et donc elles ne devaient plus dominer sa vie. Donc bien qu'il ne puisse pas les arrêter, *il pouvait leur tourner le dos*. Nous avons tous le même pouvoir. Lisa, aussi, a arrêté de prendre ses pensées au sérieux et a vu une "nouvelle" Bridgett.

Pendant une randonnée à Manuel Antonio, un beau parc au Costa Rica près d'une magnifique plage, on nous avait dit que si nous arrivions assez tôt nous verrions sans doute quelques singes dans les arbres. Pendant longtemps je n'en avais vu aucun. Cela m'importait peu; le parc était magnifique. Je profitais pleinement de cette belle promenade. Quelqu'un m'a arrêté sur le sentier et m'a demandé si j'avais vu des singes. Il n'en avait pas vu et cela l'avait vraiment énervé, comme si c'était une sorte d'affront personnel.

Pensée différente, expérience différente. La vie, c'est comme une auberge espagnole. On n'y trouve que ce que l'on y voit.

En fin de compte j'ai quand même vu quelques petits singes très mignons. C'était la cerise sur le gâteau.

Vous souvenez-vous dans le Chapitre 6 quand nous parlions de la nécessité de la colère? Même si nous avions été abusés sexuel-

La vie, c'est comme une auberge espagnole,
on n'y trouve que ce que l'on y voit

lement ou violés? Si nous y regardons de plus près, nous pourrions toujours avoir un éventail assez large d'émotions.

Si nous disons "Cela a gâché ma vie", ce niveau de conscience, basé sur notre pensée, nous donnerait l'expérience d'une vie gâchée. Si nous disons "Je suis endommagé", nous nous sentirions endommagés toute notre vie.

Si nous pensons "C'était horrible, mais cela ne va pas gâcher ma vie", de ce niveau de conscience nous avons l'expérience d'aller bien.

Si nous disons "Oooh, j'ai vraiment appris quelque chose de ceci. Cela m'a appris à être plus vigilant et plus prudent." nous serions à un niveau encore différent et nous ferions l'expérience d'autres sentiments encore.

Je ne dis pas que ce qui s'est passé n'est pas une chose horrible et que l'agresseur ne doit pas être puni. Je ne dis pas qu'un niveau est mieux que l'autre. Je ne dis pas que nous devrions voir l'expérience d'une certaine façon. Je dis juste que nous sommes les personnes qui devons vivre avec le sentiment déterminé par le niveau de conscience à partir duquel nous voyons, et cela donne ce que nous vivons. Nous créons nos propres niveaux de conscience.

Gabriela a donné un cours sur les Trois Principes au centre de détention juvénile à San Jose en Californie. La classe se réunissait une fois par semaine pendant une heure et demie. Après avoir tenu cette classe pendant environ quatre mois, un jour, alors qu'elle y entrait, quelque chose semblait clocher. D'habitude quand sa collègue Célestine et elle entraient dans la classe, les jeunes se calmaient immédiatement. Ce jour-là, ils étaient déjà assis en silence. La tension remplissait la classe. Au cours des mois précédents elles avaient établi un bon rapport avec le groupe. Ce jour-là il régnait un tout autre sentiment.

Gabriela a regardé autour de la classe et y a vu cinq nouveaux jeunes. De nombreux jeunes portaient des tatouages de gang sur leur bras et leur poitrine, mais un des nouveaux avait un tatouage de gang juste au-dessus de ses sourcils, ce qui donnait une impression très agressive. Il était impossible de ne pas le voir. Il avait l'air extraordinairement tendu. Gabriela s'assit juste devant lui, face à lui, pour pouvoir le garder à l'œil. À côté de Gabriela il y a avait un membre d'un gang rival. Elle remarqua que le jeune avec le tatouage sur le front le fixait du regard, les yeux méchants, tendu, agressif, il le regardait fixement, ne quittant jamais son regard.

Célestine et Gabriela commencèrent les présentations et, comme toujours, essayèrent de garder un ton léger. Elles commencèrent par ceux qui étaient déjà dans le groupe depuis un moment, leur demandant de nommer leur nourriture favorite quand ils se présentaient. Les jeunes participaient de bon cœur, jusqu'à ce qu'arrive le tour du nouveau jeune qui gardait son regard fixe et provocateur.

Il grogna:

— Mon nom est Jose et je n'ai rien d'autre à dire. C'est tout.

Célestine, qui était assise à côté de lui, essayait de l'encourager à parler. Il ne voulait pas. La tension montait. Plus Célestine essayait, plus la tension montait. Jose la fixait avec des yeux maléfiques, puis se mis à fixer Gabriela qui était assise en face de lui.

Pour la première fois depuis le début de la classe Gabriela ressentit une poussée de peur. Elle l'a regardé dans les yeux pendant une seconde, puis a détourné son regard vers le sol. Son énergie était trop puissante, trop déroutante. Quelque chose semblait être sur le point d'exploser.

La vie, c'est comme une auberge espagnole,
on n'y trouve que ce que l'on y voit

Elle a entendu une voix à l'intérieur d'elle. "Tu dois le regarder dans les yeux." Elle ne le voulait pas, mais elle a levé le regard et l'a fixé fermement. C'était comme un concours de regard fixe. Gabriela pensait que cela allait durer éternellement. Jose a fini par détourner le regard. À la fin de la session Gabriela envisagea d'appeler les gardes pour le retirer du groupe. Une autre voix intérieure lui a dit: "Attends et tu verras."

Jose revint la semaine suivante avec la même tension. En dépit de ses tentatives de plaisanter avec lui, il restait renfermé. Elle pensait: "On aurait dû le retirer. Je m'en occuperai après la classe."

Célestine apportait toujours des biscuits pour les jeunes. Cette semaine ils étaient emballés individuellement et les papiers d'emballage étaient dispersés partout. Gabriela y vit une opportunité. D'une façon non menaçante elle a approché Jose.

Elle lui a demandé gentiment:

— Est-ce que je peux te demander une faveur?

— D'accord.

— Est-ce que ça ne te dérangerait pas de ramasser les papiers de tout le monde et de les jeter à la poubelle?

Il a répondu:

— Bien-sûr, madame.

Gabriela était choquée.

— Merci, Jose.

Elle était assise à côté de lui maintenant, elle donnait la classe. D'autres jeunes parlaient, faisaient du bruit.

Il dit:

— Hey, donnez-lui un peu de respect! Elle essaie d'enseigner.

Gabriela est presque tombée de sa chaise.

Elle se tourna vers Jose et dit:

135

— Merci.

Puis Jose commença à écouter. Il écoutait ce qu'elle enseignait sur la Pensée. Il l'écoutait dire que tout le monde a la Santé et la sagesse à l'intérieur de soi.

À la fin de la classe, quand tout le monde se leva pour partir, Gabriela dit:

— Merci Jose. À la semaine prochaine. Le temps passait. En classe ils parlaient de l'Esprit, de la Conscience et de la Pensée. Jose disait qu'il comprenait soudainement que tout le monde inventait son propre monde. Il avait eu une prise de conscience profonde. Gabriela pouvait le voir en lui, physiquement. Quand la classe était presque terminée Jose lui demanda s'ils pouvaient rester dix minutes de plus. Il semblait vraiment intéressé. Dans le cours qui suivit Jose commença même à instruire les autres. Il dit:

— Je sais que c'est moi qui invente ceci. Ce n'est pas la conseillère.

Il commençait à s'adoucir. Il commençait à sourire. Tout à coup il avait des fossettes. Avant, ses traits étaient tellement plein d'agressivité et de rage que Gabriela n'avait pas vu son visage et n'y avait vu que la rage. Elle se rendait compte maintenant qu'il était un beau jeune homme.

— Oh mon Dieu, Jose, tu as des fossettes!

Jose sourit.

Elle lui dit:

— Qui aurait cru que ce jeune mauvais et dur, avec une si mauvaise attitude, ait des fossettes!

Jose souriait encore plus.

— Je devais faire comme si j'étais un dur parce que j'étais mal à l'aise, mais quand j'ai commencé à me sentir plus à l'aise j'ai pu laisser tomber tout ça.

La vie, c'est comme une auberge espagnole,
on n'y trouve que ce que l'on y voit

— Oui, parfois nous créons de drôles de croyances sur le fait d'être dur et sur nous-mêmes. Est-ce que tu veux parler de croyances?

— Ouais. Les croyances sont des choses que tu défends et pour lesquelles tu meurs.

— Eh bien, c'est une drôle de croyance sur les croyances.

Jose réagit:

— Qu'est-ce que tu veux dire?

Maintenant Gabriela sentait un lien fort et affectueux entre eux.

Elle demanda:

— Bon, qu'est-ce qu'une croyance réellement?

Le jeune à côté de lui intervint:

— Une croyance est une pensée.

Jose grogna:

— Non, ce n'est pas une pensée!

Quand Jose parlait, il imposait le respect. Tous les autres jeunes se taisaient et écoutaient. Il était plus haut placé dans la hiérarchie du gang. Les autres jeunes ne le contredisaient pas. Mais l'un d'eux dit:

— Ça doit quand même plus ou moins l'être, parce que tu ne peux pas commencer une croyance sans une pensée.

Jose dit, irrité:

— Non, non!

Les deux jeunes regardaient Gabriela. Maintenant tous les jeunes regardaient vers Gabriela.

Elle dit:

— En fait, il a raison, Jose. Une croyance n'est rien d'autre qu'une pensée.

Pointant agressivement vers son tatouage Jose dit:

— Est-ce que tu veux dire que des centaines de personne sont mortes pour une pensée!

— Oui.

— Tais-toi! Ne dis plus rien. Je ne peux plus entendre quoi que ce soit à ce sujet.

Gabriela dit:

— D'accord.

Le groupe resta assis en silence pendant quelques instants. Jose fixait le sol.

Il prit une grande respiration et leva le regard vers Gabriela:

— D'accord, dis-moi plus.

— Une croyance est une pensée qui au fil du temps gagne en force parce que beaucoup d'autres pensées y sont attachées pour soutenir cette idée, et cela peut arriver très vite. Et parce que c'est tellement fort tu penses que c'est vrai, que c'est la vérité. Mais cela ne signifie pas que cela cesse d'être une pensée. C'est juste une pensée que les gens ont inventée.

— Je n'ai pas inventé ceci! Il y a des centaines de personnes qui ont cette croyance.

— Ce n'est pas parce que de nombreuses personnes ont cette croyance que c'est la vérité. Tu le sais bien.

— Tais-toi! Ça suffit! On a fini. On a fini!

Ils sont de nouveau restés assis en silence. De longs moments ont passé.

Jose a brisé le silence à nouveau.

— Tu veux dire comme l'idée que la terre était plate?

Gabriela dit:

—Oui! Exactement comme cela! Il y a un certain moment dans le temps où les gens pensaient que c'était la vérité, et des règles ont été créées autour de cela, et des cartes ont été dessinées, et tout le monde suivait cela comme si c'était un fait. Et ça ne l'était pas.

Jose essayait de comprendre quelque chose.

La vie, c'est comme une auberge espagnole,
on n'y trouve que ce que l'on y voit

— Je suppose qu'une croyance est la vérité jusqu'à preuve du contraire.

Jose appartenait à une famille de plusieurs générations membres de gang. Ceci était son monde. La discussion le désorientait.

Il grogna:

— Je ne veux plus parler de cela.

Un autre jeune dit:

— Mais, elle ne pense pas vraiment ce qu'elle dit.

Il proposa une autre explication pour essayer d'adoucir le coup.

Gabriela dit:

— Non, ce n'est pas ce que je veux dire. Ce que j'ai dit est ce que je veux dire.

Jose dit:

— Il est temps d'y aller de toute façon. À plus.

Gabriela se faisait du souci pour lui. Jose semblait désorienté. Peut-être que la semaine prochaine elle suggérerait d'avoir une conversation en face à face avec lui. Mais la semaine d'après il semblait aller bien, revenu à un sentiment agréable. Il raconta qu'il avait parlé à sa copine pour qu'elle se rende à la police pour en finir avec cette situation, parce que son bébé avait besoin de parents, et cela lui permettrait d'être là pour l'enfant quand il serait plus grand et aurait besoin de son bon sens et de sa sagesse.

Jose allait passer trois ans dans un centre fermé. Lors de son dernier jour, il demanda à Gabriela si elle accepterait de dîner avec les jeunes.

Elle dit:

— Avec plaisir.

Avant de commencer à manger Jose dit:

— Nous allons prier. Est-ce que quelqu'un voudrait commencer? Personne ne voulait, donc Jose a pris la parole.

Quelqu'un Aurait Dû Nous Le Dire!

— Je demande à Dieu de la sagesse, afin que je puisse purger ma peine et avoir la force pour moi et pour tous ceux à cette table. Jose priait pour les familles et copines de tout le monde.

Ils ont commencé à manger. Dans une atmosphère légère et amusante, en plein milieu du repas, Jose s'est penché vers Gabriela:

— Tu sais, j'allais me battre la première fois que je suis venu à ton cours.

Gabriela dit:

— C'est plus ou moins ce que je pensais. Je suis bien contente que tu ne l'aies pas fait et que tu aies écouté ta sagesse.

Il dit:

— Je devais agir comme cela à ce moment-là.

Gabriela hochait la tête. Du moins c'est ce qu'il pensait. Cela lui semblait tellement vrai qu'il n'avait pas le choix. À ce moment-là il ne voyait pas d'autre option.

C'est la dernière fois que Gabriela l'a vu. Parce qu'il était dans le système juvénile, une fois qu'il quittait le centre de détention il était interdit aux formateurs de contacter les jeunes. Mais elle pense encore souvent à lui. Il lui a appris que tout le monde peut changer. Elle avait presque fait une croix sur lui et avait été à deux doigts d'appeler les gardes à cause de la façon dont elle l'avait vu initialement. Mais il avait changé. Une transformation physique spectaculaire sous les yeux de Gabriela.

Mais avait-il vraiment changé? Qui était le vrai Jose? Il avait eu l'air tellement méchant, et tellement plus âgé au début. Quand il s'était mis à sourire c'était un beau jeune homme avec des fossettes, et ça manquait presque à Gabriela. Mais il ne lui manquait pas.

On vit les choses comme on les voit et puis on agit sur la base de ce que l'on vit, mais cela reste un tissu dont chaque trame est une invention.

8

Lorsque Notre Niveau De Conscience Est Amoindri, Il Serait Peu Sage De Croire, De Suivre Ou De Nous Fier À Notre Pensée

Deux petites filles de neuf et onze ans barbotaient joyeusement dans la piscine quand je suis arrivé pour faire quelques longueurs. Je me suis dit que je pouvais leur laisser deux tiers de la piscine et que je pourrais nager dans l'autre tiers près du mur.

Après environ dix longueurs j'ai senti quelque chose me heurter. Étant donné qu'il n'y avait pas de requins en vue il devait s'agir d'une des petites filles. J'ai dit:

— Pardon.

Puis j'ai continué à nager.

Quelques minutes plus tard on m'a bousculé à nouveau. Et à nouveau. Et à nouveau. Les petites filles n'arrêtaient pas de me heurter. Je commençais à me sentir un peu agacé. Je leur avais gentiment laissé presque toute la piscine, et elles devaient envahir ma partie? Je nage généralement pendant une demi-heure et pendant cette demi-heure je n'aime pas être dérangé. C'est un moment méditatif pour moi. J'étais sur le point de dire quelque chose provenant de mon agacement quand je me suis souvenu du business dans lequel je travaillais.

En continuant à nager, la pensée m'est venue à l'esprit: "Qu'est-ce qui m'agace maintenant?"

Après réflexion je me suis rendu compte que la raison pour laquelle je ressentais une légère irritation était que je pensais qu'elles étaient dans mon chemin et qu'elles me manquaient de respect. "Elles ont trois quart de la piscine, et elles ne peuvent même pas rester dans leur partie?!"

Ceci m'intéressait. La seule raison pour laquelle je me sentais agacé était à cause de ma propre pensée qu'elles me manquaient de respect. Mais "manquer de respect" existait dans ma propre tête! Je me rendais compte que je ne savais pas si elles me manquaient de respect ou pas. Je n'avais aucune idée de ce qu'il se passait dans leurs têtes. Entre-temps, nageant toujours, je me fis de nouveau bousculer.

Je pensais: "Peut-être sont-elles vraiment impertinentes. Peut-être n'ont-elles aucune considération pour les autres." Je pouvais facilement voir que cette pensée, si j'y croyais, mènerait à la colère. La colère est plus sérieuse que l'agacement, c'est un niveau encore plus éloigné de notre Santé et sagesse.

L'échelle de valeurs m'est venue à l'esprit soudainement comme un continuum vertical. Tout en bas de l'échelle je serais furieux. Pour être furieux je devrais avoir une pensée comme: "Elles me bousculent exprès. Elles m'en veulent." Oui, si je pensais cela, et si je le croyais vraiment, je serais furieux. Une bonne partie du genre humain serait vraiment furieux dans ce genre de situations, et s'en prendrait alors aux autres.

Je venais de descendre sur l'échelle:

(Santé et bien-être) -

↓ Légèrement irrité   - parce qu'elles me manquent de respect
↓ Fâché   - parce qu'elles sont impertinentes
↓ Furieux   - parce qu'elles le font exprès contre moi

Lorsque notre niveau de conscience est amoindri,
il serait peu sage de croire notre pensée

Si j'étais descendu sur cette échelle, est-ce que je pouvais aussi la remonter? Je me suis rendu compte que je ne ressentirais rien, je serais neutre, *si* je pensais qu'elles étaient simplement insouciantes et n'avaient aucune idée de ce qu'elles faisaient. Neutre n'est pas un sentiment négatif; cela ne me gêne pas. Ceci était une possibilité intéressante pour moi, parce que cela semblait plausible. Maintenant je m'attendais à être bousculé par des fillettes insouciantes perdues dans leur jeu.

Puis j'ai eu la pensée: "Je me demande ce qui pourrait les rendre insouciantes dans une telle situation, de ne pas se rendre compte que je suis là?" Soudainement j'étais intéressé par ce qui les faisait fonctionner ainsi. Mon sentiment se transforma en état de curiosité. J'avais sauté vers un nouveau niveau "au-dessus de le ligne" de la Santé.

Puis j'ai eu une autre pensée: "Peut-être qu'elles ne se rendent même pas compte qu'elles le font." Immédiatement suivi par une autre pensée: "Aïe, j'ai déjà bousculé des gens sans m'en rendre compte." Je commençais à me sentir un peu bête. Je ressentais de l'humilité.

Tout en continuant à monter sur l'échelle, une autre pensée a surgi: "Peut-être que leurs parents ne leur ont jamais appris à être conscientes de leur environnement ou à faire attention aux autres. Pire, et si leurs parents les traitaient comme si elles n'existaient pas?" Un sentiment de compassion m'a submergé à ma prochaine brasse.

Je pensais: "Ha! Je ne sais pas ça non plus! Je pourrais inventer n'importe quoi." Je souriais sous l'eau. D'un coup, je touchais l'ironie de ce processus qui nous amène à nous inventer des histoires, des interprétations, des causes et à nous subordonner aux sentiments qui en naissent. Comme c'était drôle! C'est comme si nous étions dans notre propre petite série télé (quand c'est en fait de la télé réalité).

Finalement, un sentiment de gratitude m'a frappé. Je pensais: "Oh, si ces enfants ne m'avaient pas bousculé je n'aurais pas eu cette expérience si frappante de *voir* ces niveaux de conscience en action." Je me sentais vraiment reconnaissant. Merci les enfants.

J'avais donc gravi plusieurs échelons sur l'échelle et j'étais passé au-dessus de la ligne de la Santé et du bien-être. La plupart d'entre nous, si nous en avions le choix, aimerions vivre "au-dessus de la ligne" et souvent les mobiles que nous attribuons aux autres sont la seule chose qui nous garde en-dessous de cette ligne. Je venais de voyager sur l'échelle. [Lisez du bas vers le haut.]

↑ Gratitude — parce que cela m'a permis de voir en pratique les différents échelons de l'échelle

↑ Humour — parce que nous ressentons n'importe quel mobile que nous imaginons

↑ Compassion — parce que leurs parents les traitent peut-être comme si elles n'existaient pas

↑ Humilité — parce que j'ai moi aussi bousculé des gens sans m'en rendre compte

↑ Un état de curiosité - parce que je suis intéressé par ce qui les fait fonctionner

↑ Neutre — parce qu'elles sont insouciantes

(Santé et bien-être) -

Peut-être que c'est ce qu'on veut dire avec "Nous grimpons sur l'échelle de Jacob." Nous montons dans les niveaux de conscience. Nous nous rapprochons de la lumière, de la source de notre Santé et de notre bien-être.

144

Lorsque notre niveau de conscience est amoindri, il serait peu sage de croire notre pensée

N'oubliez pas que toutes ces possibilités (et plus) existaient déjà au moment où j'ai eu mon premier moment d'agacement. Mais initialement je ne voyais pas les options. C'est ainsi tout le temps, indépendamment des circonstances dans lesquelles on se trouve. Le fait est que j'étais encore en train de nager et de me faire bousculer. Rien n'avait changé à la situation, sauf mon expérience, *que je fabriquais en attribuant aux nageuses un mobile.*

Je sais que certaines personnes diront: "C'est ridicule! Il suffisait de leur dire (ou de leur demander gentiment) de bouger." Bien entendu j'aurais pu faire cela, mais ce n'est pas le problème. J'aurais pu leur dire de bouger ou d'arrêter de me bousculer et j'aurais toujours été agacé pour le reste de ma séance de natation. Je parle de ma propre expérience de la vie ici; ce que je suis amené à vivre. Et justement, pendant que je songeais à tout ceci, mon expérience, alors même que je nageais, n'a pas cessé de s'améliorer.

La plupart du temps, nous voyons ce qui est juste devant nous, comme si nous regardions dans un tunnel ou avec des jumelles. Nous ne nous rendons pas compte qu'une dimension verticale existe également, un continuum de niveaux de conscience, allant d'une connexion intérieur avec notre esprit jusqu'aux pensées suicidaires les plus noires ou les plus violentes. Dans chaque nouveau moment la possibilité existe toujours pour nous d'être à des niveaux plus élevés (ou plus bas). Si ceci ne donne pas espoir, je ne sais pas ce qui le peut.

Nous allons toujours de haut en bas et de bas en haut. Où que nous allions ou quoi qu'il se passe, il y a toujours plus à voir dans chaque situation ou circonstance.

Les deux façons les plus faciles que je connaisse pour descendre les niveaux sont d'être frappé par une baisse de moral ou d'être envahi par une habitude de pensée.

Quelqu'un Aurait Dû Nous Le Dire!

✳ ✳ ✳

Quand je marche sur la Plage de Nantasket près de Boston, la plage est parfois tellement couverte de pierres que je pense que le sable a disparu à tout jamais. Un mois plus tard je marche sur la même plage et la plupart des pierres sont parties, le sable est lisse et intact.

Quand nous marchons sur la plage nous ne réalisons pas que nous marchons sur une surface qui est constamment en changement. Nous ne voyons qu'un point fixe dans le temps. Dans cet instant nous ne pouvons-nous référer qu'à ce que nous voyons devant nous, à moins que nous réalisions ce qui se passe vraiment.

Parfois nous avons le sentiment d'être recouvert d'une couverture de pierres, ou même de rochers, et leur poids est tellement handicapant qu'on ne peut pas imaginer être libre. À d'autres moments ce n'est pas le cas. Nous ne réalisons pas que nous sommes en changement constant. Nous ne pouvons-nous référer qu'à ce moment unique dans le temps, à moins que nous réalisions ce qui se passe vraiment.

Tout comme des vagues de taille et de force différentes apportent des pierres de tailles et formes différentes sur la plage, de la même façon nos pensées nous apportent des émotions de différentes tailles et formes en fonction de la qualité de nos pensées. Les vagues donnent, les vagues reprennent. Nos pensées donnent, nos pensées reprennent.

La plage n'a aucun contrôle sur les pierres qu'elle reçoit. La plage n'a aucun contrôle sur les vagues qui se brisent sur son rivage. La plage peut juste attendre d'autres vagues pour bouger les pierres, ce qu'elles feront de toute façon, parce que c'est ce qu'elles font depuis de millions d'années. Nous avons peu de contrôle sur la plupart des pensées qui nous viennent à l'esprit. Elles apparaissent

Lorsque notre niveau de conscience est amoindri,
il serait peu sage de croire notre pensée

tout simplement. Un jour nous nous réveillons et notre esprit est recouvert d'une couverture de lourdes pierres, cadeaux de nos pensées. La plage ne sait pas comment arrêter les vagues. Nous ne savons pas comment arrêter nos pensées.

Quelle est la clef pour vivre une vie sans rocher?

Ce n'est pas possible! Le Rock n' roll sera toujours là. Et la même chose est vraie pour nos rochers mentaux. Nous avons la garantie d'avoir parfois des pensées désagréables qui nous donnent un mauvais sentiment. Nous aurons toujours des humeurs. Les êtres humains ont des états d'esprit différents; c'est simplement comme ça.

Cependant, nous pouvons nous rendre compte que nos variations d'humeur de pensée ne veulent rien dire. Elles ne font que passer comme les pierres qui vont et viennent. Si nous les laissons passer d'elles-mêmes, c'est ce qu'elles feront. Quand elles le font notre propre état *virginal* apparaît à nouveau.

Un jour nous voyons notre conjoint comme la meilleure chose qui nous soit arrivée. Un autre jour nous souhaitons ne jamais l'avoir rencontré.

Un jour nous voyons un être humain intelligent et beau. Un autre jour la même personne semble peu attrayante et stupide.

Un jour nous voyons notre maison chaleureuse et confortable et nous sommes parfaitement heureux d'y vivre. Un autre jour nous voyons tous ses défauts, le travail que cela implique et nous aimerions pouvoir déménager.

Un moment nous voyons nos enfants comme des petits anges, tellement adorables et attachants et nous sommes si reconnaissants de les avoir; un autre instant nous voyons nos enfants comme des petits monstres mis sur terre pour nous tourmenter et nous souhaitons qu'ils ne soient jamais nés.

Un jour nous pensons être beaux. Le jour suivant nous pensons être laids.

Qu'est-ce qui pourrait donc causer ce phénomène?

Des humeurs. Des états d'esprit différents.

Dans des états différents nous pensons différemment. Quand nous pensons différemment nous avons des humeurs différentes. Ce sont les deux faces d'une même pièce. Toute différence dans notre humeur de pensées fait en sorte que tout ait l'air différent, même notre physique.

Est-ce que ça pourrait être aussi simple?

Oui! Un état d'esprit déprimé correspond à une façon de penser dans des niveaux de conscience amoindri. Le même événement aurait l'air bien pire dans ces eaux troubles que lorsque notre état est meilleur. Lequel est réel?

Un jour ma fille, Jaime, alors âgée de 23 ans, a mordillé légèrement la peau d'un piment Habanero dans un restaurant. Par erreur elle a mordu trop fort, a touché les graines, et sa bouche a commencé à brûler tellement fort que ses yeux se sont remplis de larmes. Elle a commencé à paniquer. En désespoir sa bouche réclamait de l'eau. Elle devait boire de l'eau MAINTENANT! Ça la rendait folle. Mais elle connaissait les piments Habanero. Elle savait que si elle buvait de l'eau cela brûlerait encore plus. Elle voulait désespérément boire de l'eau mais elle savait que ce ne serait pas une bonne idée. C'était très difficile de résister, mais parce qu'elle comprenait ce phénomène elle a résisté à la tentation de vider chaque cruche d'eau du restaurant dans sa bouche. Et ainsi elle a évité encore plus de souffrance.

Lorsque notre niveau de conscience est amoindri, il serait peu sage de croire notre pensée

Moins nous avons le moral, plus cela a l'air vrai et plus nous nous sentons obligés de passer à l'action. Quand nous sommes de mauvaise humeur nous mourons d'envie d'agir, de crier sur quelqu'un, de jeter notre ordinateur par terre. Mais si nous comprenons qu'agir de la sorte aggravera les choses, peu importe à quel point nous nous sentons désespérés et poussés à réagir, nous résisterons à la tentation d'agir de la sorte, tout comme ce que Jaime comprenais sur les piments l'a aidée à résister à la tentation irrésistible de boire de l'eau.

Si nous ne connaissons pas les propriétés des piments Habanero, quand nous en mangeons un, brûlons notre bouche et puis buvons de l'eau, nous ne le ferons sûrement qu'une fois. Nous tirerons nos leçons de cette expérience douloureuse. Étant donné le nombre de fois où nous agissons quand nous sommes de mauvaise humeur, certaines personnes semblent ne pas apprendre aussi facilement et continuent à répéter les mêmes schémas.

En tant que consultant indépendant je suis mon propre patron. J'adore mon travail. Un inconvénient est que je n'aime pas chercher des jobs de consultance pour gagner ma vie, et donc probablement à mon détriment, je ne le fais pas. Heureusement, assez de jobs sont venus grâce au bouche à oreille, mes livres, ma consultance et mon coaching pour maintenir mon niveau de vie. De temps en temps si de nouveaux jobs ne viennent pas, des pensées inquiètes me viennent à l'esprit et je pense que je dois aller me vendre. Mais puisque ce n'est pas mon style, je pense: "Je ne peux pas croire que je doive faire cela!". Puis mon entière vie professionnelle me semble horrible et je pense que je devrais abandonner les formations et la consultance parce que cela n'offre pas assez de sécurité, et que je devrais trouver "un vrai job".

Quelqu'un Aurait Dû Nous Le Dire!

J'ai une habitude de pensée concernant mon marketing personnel qui ne me sert pas, mais cela m'embête seulement quand je suis de mauvaise humeur. Heureusement je m'en rends compte. Si j'arrêtais la consultance quand je suis de mauvaise humeur (si je prenais la décision à ce moment-là) je quitterais mon travail, que j'aime à tous les autres moments. Si j'attends que la mauvaise humeur passe, très rapidement mon travail a de nouveau l'air parfait. Je ne pourrais pas en avoir de meilleur (sauf que mon patron est un esclavagiste). Je sais que je suis bon dans ce que je fais parce que les gens autour de moi changent; ils se sentent mieux. Pas tout le monde, mais plus qu'assez pour me montrer que je suis sur le bon chemin et que j'ai joué un petit rôle dans leurs vies en les aidant à les améliorer. Quel travail pourrait être mieux que ça! Rien ne pourrait plus m'enchanter ou m'exciter que l'idée d'aider à améliorer la vie d'une autre personne. Le seul moment où je n'aime pas mon travail, c'est quand je suis de mauvaise humeur. Si j'agissais sur cette base, je le regretterais plus tard.

Disons que j'essaie d'aider un client, et cela ne se passe pas très bien. Si j'étais de mauvaise humeur je penserais: "Oh je n'ai aucun effet sur les gens. Peut-être que je ne suis pas assez doué pour ceci." Plus tard mon humeur s'améliorerait et je penserais: "Pff, je n'ai pas pu aider cette personne. Je me demande ce que j'ai raté qui me permettrait de faire mieux la prochaine fois." Ou je me rendrais compte: "Eh bien, en fait il a changé un peu; il n'est pas dans un état aussi mauvais que quand il est rentré ici." Ou la pensée me traversera peut-être l'esprit que j'ai aidé à changer considérablement la vie d'autres personnes. Ma "réalité" de mon efficacité dépend de mon état d'esprit dans le moment, et mon état d'esprit dépend de ce que je pense dans l'instant.

Lorsque notre niveau de conscience est amoindri, il serait peu sage de croire notre pensée

Est-ce que je veux vraiment passer à l'action ou prendre des décisions quand je n'ai pas le moral? Est-ce que je veux vraiment parler à mes collègues ou mon conjoint ou mes enfants quand je n'ai pas le moral? Je suis en sécurité tant que je me rends compte que mes pensées de mauvaise humeur ne sont pas "comme les choses sont" et qu'elles changeront à un certain moment, *donc j'attends avant de passer à l'acte.*

Et si nous étions extrêmement déprimés, voyions la vie comme absolument sans espoir et avions de pensées suicidaires? Si nous ne comprenions pas la relation entre nos pensées, notre état d'esprit et notre expérience nous pourrions prendre nos pensées au sérieux. Ce serait assez terrible de suivre des pensées suicidaires et de se rendre compte trop tard: "Oups, je vois les choses différemment maintenant." Quel dommage! Pas seulement le suicide; de nombreuses personnes se font passer à tabac, tirer dessus, violer ou voler parce que l'auteur de ces faits agit sur base de pensées qu'il prend pour des réalités au lieu de se rendre compte que "Ce n'est que ce dont ça a l'air maintenant, et si j'attends que ce sentiment passe, tout aura l'air différent plus tard." Si un changement de point de vue peut arriver dans le cas extrême d'un suicide, nous avons certainement la possibilité de voir la même chose dans tous les aspects de la vie quotidienne.

Karla et Joan étaient toutes deux déprimées. Tout allait mal. Tout ce qu'elles voulaient était de rester au lit sous les couvertures et de s'apitoyer sur leur propre sort. Karla se traînait hors du lit pour travailler, se sentait bien, retournait à la maison, se souvenait qu'elle était déprimée, et retournait au lit. Joan, en revanche, eut une arrière-pensée qui lui dit: "Je sais que ceci va passer, même si je me sens pas capable d'y faire quoi que ce soit pour l'instant. Je sais que cela ne veut rien dire." Cette pensée relâcha un peu l'emprise de la dépression, mais elle n'arrivait toujours pas à s'en défaire complètement. Le lendemain matin elle se réveilla et se sentait bien. Tout avait l'air mieux, bien que rien n'ait changé à sa situation. Elle oublia sa dépression temporaire.

Quelle est la différence entre Karla et Joan?

Karla croyait que la façon dont elle se sentait, c'est-à-dire relativement déprimée, correspondait à ce qu'elle était vraiment; elle croyait qu'elle avait un problème. Joan savait que ce n'était qu'une façon de penser provenant d'une mauvaise humeur, ce qui arrive à tout le monde de temps en temps, et cela ne voulait rien dire sur qui elle était. Karla voyait sa bonne humeur comme un soulagement temporaire. Joan voyait sa mauvaise humeur comme un détour temporaire de sa Santé et de son bien-être, de ce qu'elle était *vraiment*.

La seule différence réside dans la façon dont elles se voyaient en relation avec leur état d'esprit.

Je m'étais arrêté et je m'étais garé deux minutes pour courir à la Poste. J'avais ignoré l'horodateur. Quand je suis ressorti j'ai vu l'agent du stationnement prêt à déposer une contravention sur mon pare-brise.

J'ai supplié:

— Attendez!

Mais il était de mauvaise humeur et ne voulait pas la reprendre.

Tout à coup j'ai laissé mon humeur s'assombrir. Mais est-ce que je voulais crier, lui hurler dessus? Est-ce que je voulais courir, indigné, vers le bureau de police? Est-ce que je voulais écouter ces pensées qui me disaient "Je ne vais jamais payer cette amende injuste!" Ou est-ce que je voulais attendre jusqu'à ce que je me sois

*Lorsque notre niveau de conscience est amoindri,
il serait peu sage de croire notre pensée*

calmé et que j'ai retrouvé ma bonne humeur et que ma façon de penser ait changé, pour voir ce que ma sagesse me conseillerait de faire?

Une fois que mon état d'esprit fût remonté à de meilleurs niveaux je pensais: "Oui, peut-être qu'il a été désagréable, mais après tout, c'est moi qui ai pris la décision de ne pas prendre un moment pour mettre vingt cents dans l'horodateur pour ces deux minutes. D'accord, vingt cents c'est moins cher que dix dollars. Mais finalement est-ce que dix dollars, c'est vraiment la mer à boire? Je ferai mieux la prochaine fois."

Si nous suivions nos pensées lorsque l'on nage dans des eaux troubles nous quitterions nos emplois, nous battrions nos enfants, nous laisserions tomber nos amis, nous maltraiterions nos chiens, nous passerions nos poings à travers des murs (ou pire), nous brûlerions nos voitures, nous nous saoulerions, nous déprimerions, nous abandonnerions la vie, et nous regretterions le tout plus tard parce que nous devrions essayer de recoller les morceaux. Comme Jaime avec le piment Habanero, nous savons que si nous buvons de cette coupe rien de bon n'en découlera. Nous ne ferons qu'aggraver les choses. Donc nous serrons les dents et ne disons rien. Nous ne passons pas à l'action malgré notre désir irrésistible d'attaquer. Un peu plus tard nous nous rendons compte que ce sentiment est passé. La situation a l'air un petit peu plus claire. Bientôt nous nous demandons pourquoi nous étions à ce point contrariés. Notre sagesse se manifeste. Alors nous pouvons parler. Quand notre état d'esprit change tout a l'air différent. C'est quelque chose de merveilleux.

Nous ne devons pas nous laisser piéger par nos pensées quand la vie nous semble désespérée, quand notre conjoint semble être un connard, quand il nous semble que le monde entier nous en veut, quand il nous semble que nous n'aurions jamais dû avoir d'enfant. Nous ne devons pas y croire parce que nous savons que notre "réalité" auto-créée est une illusion temporaire à laquelle nous ne devons pas réagir. Notre niveau de conscience amoindri lui donne l'apparence de la réalité. C'est tout! Cela ne veut rien dire. C'est juste un changement dans la qualité de notre pensée qui passe dans un contexte de vie global.

Le fait que les gens prennent au sérieux leurs pensées quand ils n'ont pas le moral et se sentent contraints d'agir, est la cause de la plupart des conflits dans le monde. Le seul problème est de *faire confiance* à cette façon de penser quand nous nous sentons comme cela et de la *suivre*. Plus nous sommes de bonne humeur, plus notre niveau de conscience s'améliore, et plus les solutions et les possibilités se révèlent à nous.

Bien entendu tout aura l'air pourri quand nous serons de mauvaise humeur. Attendez-vous à cela.

Pouvons-nous être dans notre Santé même quand nous n'avons pas le moral? Oui! Nous pouvons avoir toutes les pensées fâchées, déprimées, inquiètes, anxieuses ou agacées que nous voulons, tant que nous savons qu'elles ne veulent rien dire. Si nous savons que notre façon de penser va changer quand notre humeur s'améliorera, et que la situation paraîtra différente un fin de compte, ceci est une pensée saine même si nous ne sommes pas capables d'en sortir sur le moment. Parfois on a juste envie de se complaire et de s'apitoyer sur nous-mêmes pendant un moment. Cela ne fera pas de mal si nous savons que cela ne veut rien dire et que cela passera. Donc, nous restons dans notre Santé.

Certains disent: "Tout cela est facile à dire pour vous, mais moi, j'ai des problèmes vraiment sérieux!"

Lorsque notre niveau de conscience est amoindri, il serait peu sage de croire notre pensée

Je suis tout à fait prêt à envisager que certains problèmes semblent bien réels et sérieux. Mais le mot clef reste "semblent". En cas de déprime prolongée, cette façon de penser peut durer tellement longtemps que cela peut changer notre chimie corporelle [voir Chapitres 1 et 6].* Et si nos substances chimiques changent suffisamment une dépression clinique peut apparaitre, ce qui cause encore plus de pensées négatives.

Cela peut également marcher dans l'autre sens. Cela explique pourquoi Lisa [Chapitres 1 et 6], qui avait pris des antidépresseurs pendant douze ans, a été capable d'arrêter de les prendre. Sa façon de penser a changé de façon spectaculaire avec des prises de conscience majeures. Elle s'est rendu compte que la façon dont elle pensait à son propre sujet, au sujet de sa fille, au sujet de son sort, ne correspondait pas à la réalité et que cela ne devait pas la dominer. Elle s'est rendu compte que cette façon de penser peut durer un moment, mais fini toujours par changer. C'est ce que je voulais dire précédemment quand je parlais de notre relation à nos pensées. Soudainement elle a vu une Lisa différente. Après avoir vu cela aussi profondément, sans même le vouloir, sa chimie corporelle a changé. Elle a dit à son psychiatre qu'elle n'avait plus besoin de ses médicaments. Son psychiatre était ébahi mais a avoué que quoi qu'il se soit passé, le corps de Lisa n'avait plus besoin des médicaments. Si cela se produit à un niveau assez profond, un changement de Pensée peut changer la chimie corporelle.

Je ne dis pas que les gens peuvent sortir de leur dépression en y pensant. Je dis que si une personne déprimée cliniquement a une prise de conscience d'une magnitude suffisante, sa chimie corpo-

---

* Je réalise que d'autres choses aussi influencent la chimie corporelle.

relle peut changer, et si cela se produit cette personne ne sera plus déprimée cliniquement. Ceci est possible. Je l'ai vu de mes propres yeux.

Et comment est-on censé faire face aux autres quand ils n'ont pas le moral? Supposons que mon épouse dise quelque chose de méchant à mon encontre. Est-ce que je veux prendre cela personnellement? Est-ce que je veux prendre cela à cœur?

Pourquoi est-ce que je prendrais personnellement les pensées de ma partenaire quand elle n'a pas le moral? Ce n'est que sa mauvaise humeur qui parle. Pourquoi est-ce que cela aurait quelque chose à voir avec moi? Je ne veux pas qu'elle prenne à cœur les choses que je dis quand je suis de mauvaise humeur; ce serait élégant que je lui permette la même chose.

Et si elle le pense vraiment?

Le plus probable est qu'elle ne le pense pas. Comment est-ce que je le sais? Parce que si je dis quelque chose de méchant par mauvaise humeur je ne le pense pas vraiment. C'est juste la façon dont les choses semblent être dans ce moment passager.

Certaines personnes semblent vivre beaucoup de moments de ce type.

Est-ce que cela veut dire que nous devons accepter tout ce que quelqu'un nous jette à la figure quand il est de mauvaise humeur, même si ce sont des choses horribles? Non! Si c'est assez important on y fait face, plus tard, quand nous sommes tous les deux calmes et que notre sagesse réapparaît. Quelle urgence y a-t-il? Quand on est de mauvaise humeur tout semble toujours urgent, mais même l'urgence passe.

Moins nous avons le moral, plus facilement nous oublions que ce que nous voyons est une illusion.

Lorsque notre niveau de conscience est amoindri,
il serait peu sage de croire notre pensée

* * *

L'autre façon terriblement facile de descendre dans les niveaux de conscience est quand les habitudes de pensées se mettent en route. Une habitude est un comportement répétitif poussé par des pensées répétitives que nous croyons et que nous prenons au sérieux. Parfois cette façon de penser est tellement puissante qu'elle peut créer des connexions nerveuses dans notre cerveau par lesquelles notre pensée voyage facilement comme une roue sur un rail.

La plupart des gens voient le fait de fumer, de boire, de prendre de la drogue, la promiscuité sexuelle, manger et se purger, etcetera comme des habitudes. Le domaine des addictions en général désapprouve le fait d'appeler fumer, boire ou se droguer "des habitudes". Personnellement, je pense que c'est une erreur. Une série de pensées répétitives se trouve derrière le développement de chaque addiction et maintient l'addiction en place. Si nous y regardons de plus près nous voyons que beaucoup de personnes se sont défaites de leur accoutumance physique et puis se sont retrouvées à refaire la même chose. Pourquoi? Est-ce parce qu'il s'agit d'une maladie et qu'ils sont à la merci de cette maladie? Je peux voir comment l'accoutumance physique peut être appelée une maladie, mais une maladie de pensée? Ma propre logique me dit que cela n'a pas de sens. Une fois qu'ils sont libérés de l'accoutumance physique il me semble que les gens retombent parce que leurs habitudes de pensée n'ont pas changées. De mon point de vue, ne pas appeler cela une habitude de pensée ne rend pas service aux personnes qui vivent avec des addictions. Des pensées habituelles, si elles sont vues comme telles, peuvent être dépassées; en parler comme d'une maladie incurable dans notre propre esprit (qui peut juste être tenue à distance) peut faire en sorte que les gens se sentent coincés dans leur addiction.

Les gens ne se rendent pas compte que plein d'autres choses sont aussi des habitudes. Les gens ne se rendent pas compte que se faire du souci est une habitude. Je ne parle pas d'une pensée inquiète isolée à propos d'un événement isolé; je parle de voir tout par des yeux inquiets. Les gens ne se rendent pas compte que réagir avec colère est une habitude. De nouveau je ne parle pas d'une crise isolée, mais d'une manière habituelle et presque systématique de réagir. Les gens ne se rendent pas compte que juger les autres est une habitude. Les gens ne se rendent pas compte que la culpabilité est une habitude (bien que les gens soient plus enclins à admettre la culpabilité, et à pointer du doigt leur religion ou culture, que la plupart des autres habitudes).

Derrière chaque groupe de pensées répétitives il y a une croyance fondamentale qui en est la force motrice. La métaphore du pissenlit (Chapitre 1) en est un exemple. Nous adoptons beaucoup de ces croyances de la façon dont nous sommes enseignés ou traités en grandissant. Ces croyances fondamentales sont des illusions. Nos parents les ont inventées. Nous les avons adoptées. Nos parents les ont sans doute eux-mêmes adoptées de leurs parents. Il se peut que nous les ajustions un peu au fil du temps mais elles sont sournoises. Elles travaillent en nous en grande partie sans que nous nous en rendions compte.

Derrière chaque habitude il y a aussi une pensée de peur, la peur de ce qui se passerait si on abandonnait cette habitude. De telles pensées gardent l'habitude en place et la rendent difficile à détrôner. Cependant la peur aussi est une illusion. Nous avons inventé ce dont nous avons peur! Sauf si cette peur est vue comme l'illusion qu'elle est, elle ne nous lâchera pas.

Lorsque notre niveau de conscience est amoindri,
il serait peu sage de croire notre pensée

Pensez aux gens qui ont l'habitude de se mettre en colère si quelque chose ne se déroule pas comme ils le souhaitent. Pourquoi feraient-ils cela? Une autre pensée, une croyance fondamentale, se trouve derrière cela, comme, "Personne ne se met en travers de mon chemin!" Une personne qui voit la vie à travers cette croyance aura tendance à attaquer si quelqu'un se met en travers de son chemin. Derrière cela il se peut qu'il y ait une autre pensée, une pensée de peur, peut-être la peur de perdre le contrôle. Derrière cela il peut y avoir une autre pensée qui amène les gens à penser qu'ils ont besoin de contrôle. Tout ceci est très complexe.

Mais est-ce que cela a du sens d'essayer de démêler toutes ces pensées complexes, cachées, quand il est tellement plus facile de tout simplement les transcender en les voyant comme l'illusion qu'elles sont?

De nombreuses personnes souhaiteraient arrêter de fumer.[*] Quelle est la croyance fondamentale qui pousse quelqu'un à fumer étant confronté aux preuves irréfutables que c'est dévastateur pour sa santé? Pour de nombreuses personnes c'est, "Ça me fait du bien." ou "Je peux arrêter quand je veux." ou "Le cancer ou les problèmes cardiaques cela ne m'arrivera pas." ou "Cela aide à me calmer." ou "Cela me donne une excuse pour prendre une pause et sinon je ne le ferais pas." etc... . Probablement derrière ces pensées il y a de la peur, par exemple "Je ne sais pas comment je serais si je ne fumais pas; je ne me sentirais pas bien. Qu'est-ce que je ferais? Je ne sais pas si je survivrais la journée." Si cette pensée n'était pas reconnue pour ce qu'elle est (juste une pensée) et transcendée (plutôt que

---

[*] Je sais que dans le domaine des addictions au tabac on désapprouve l'utilisation du mot "habitude" quand il s'agit de fumer, mais cela est sans doute dû au fait que cette spécialité e ne comprenne pas le rôle primaire de la pensée.

"travaillée"), il serait très difficile pour cette personne d'arrêter de fumer même sans accoutumance physique.

De nombreuses personnes ont des habitudes alimentaires, comme manger trop et puis se sentir mal, ou manger trop, se purger et se sentir mal. Pour certains, la croyance peut être, "Cette société me dit que je devrais être mince, donc je ne devrais pas trop manger. Mais je veux vraiment ce morceau de gâteau au chocolat. Je ne peux pas m'en empêcher! Peut-être que cela ne me fera pas trop de tort. Si je le mange je serai satisfaite. C'est tellement plus facile de juste le manger." Pour certains, la peur derrière cela pourrait être, "Tout dans ma vie semble être hors de mon contrôle. Si je mange tout ce que je veux j'ai un peu de contrôle." ou encore: "Je ne suis pas bien comme je suis."

N'oubliez pas que nous ne sommes généralement pas conscients du fait que nous avons ces croyances, ces peurs, et quand nous n'en sommes pas conscients nous ne pouvons rien y faire. À nouveau, je ne suggère pas que nous allions à leur recherche, en particulier parce que cette recherche est difficile et peut nous décourager. À nouveau, il vaut mieux constater qu'il s'agit d'une illusion. Si nous avons vraiment le désir de voir nos propres habitudes de pensée (ce qui peut parfois être utile) il serait sage d'être ouvert à voir quelque chose de nouveau à propos de nos habitudes, puis d'être silencieux, de nous sortir cela de la tête et de voir ce qui vient.

Margaret était la fille aînée de douze enfants. Quand elle a atteint la préadolescence, ses parents attendaient d'elle qu'elle cuisine, qu'elle fasse tout le ménage et qu'elle s'occupe des plus jeunes. Elle est devenue une excellente cuisinière, ménagère et nounou. Bien qu'elle adorait ses parents elle avait toujours l'impression qu'elle avait besoin de leur approbation, donc elle a grandi en ayant continuellement le sentiment qu'elle devait prouver quelque chose. Cela apparaissait en particulier quand elle faisait une nouvelle rencontre. Ce type de pensées devient le filtre par lequel nous voyons la vie. Ce filtre invisible nous guide. Tout ce que nous voyons passe au travers ce filtre, comme si nous portions en permanence des lunettes de soleil aux verres de couleur inhabituelle que nous commencerions à trouver normales si on les portait pendant un certain temps. Ce filtre par lequel nous voyons la vie est le principal coupable. Mais nous ne le voyons pas.

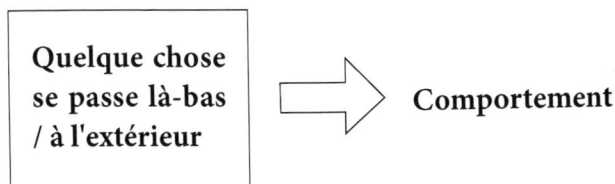

| **Quelque chose se passe là-bas / à l'extérieur** | ⟹ | **Comportement** |

Certaines personnes croient que quand quelque chose se passe "là-bas" (dans le monde extérieur) cela les fait agir d'une certaine façon. Par exemple, si un jeune se fait insulter, cela signifie qu'il doit frapper, blesser ou tirer sur le jeune qui l'a insulté. Un délinquant sexuel voit une personne attrayante et il doit la poursuivre. Un voleur à l'étalage voit quelque chose dans une boutique et doit l'avoir. La plupart d'entre nous savons que cela n'est pas vrai; la personne en question ne le voit pas. C'est tellement réel pour elle qu'elle pense n'avoir aucun autre choix que de passer à l'acte. Il est plus facile de voir cela chez les autres qu'en nous-même.

Quand quelque chose se passe "là-bas / à l'extérieur" nombre d'entre nous croit que cela nous fait *ressentir* certaines choses. Le stress en est un exemple. Nous pensons que parce que nous avons trop de choses à faire en trop peu de temps, nous éprouvons du stress. Nous pensons que la situation nous stresse. Tant que nous pensons cela nous sommes coincés dans ce stress. Cela nous semble aussi "réel" que pour la personne qui s'en prend au jeune ou commet un crime.

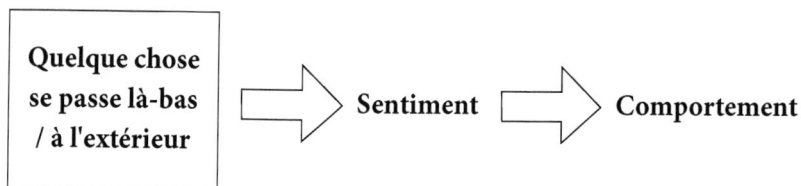

| Quelque chose se passe là-bas / à l'extérieur | ⟹ | Sentiment | ⟹ | Comportement |

Le sentiment est tellement irrésistible qu'il nous pousse à agir comme nous le faisons. Ce sentiment provient de ce que nous en pensons. Les psychologues cognitifs comprennent cela. Mais de nombreux psychologues cognitifs croient aussi que ce qui se passe là-bas / à l'extérieur est la réalité, que nous pouvons penser à cette réalité de nombreuses façons différentes, et les gens peuvent changer leur façon de penser à propos de cette réalité. Par exemple: "Cette personne m'a insultée, mais je peux y penser différemment." C'est là que la pensée positive ou le recadrage intervient.

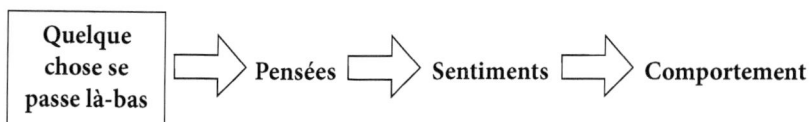

| Quelque chose se passe là-bas | ⟹ | Pensées | ⟹ | Sentiments | ⟹ | Comportement |

Rien de cela ne prend en compte *la façon dont on voit les choses*; peu importe ce qui se passe là-bas, nous voyons tout à travers un *filtre de pensées* qui donne forme et guide nos pensées. La façon dont nous voyons les choses provient de pensées dont nous ne sommes pas conscients qui sont cachées dans notre filtre. Ce filtre contient de nombreuses croyances: comment nous nous voyons

Lorsque notre niveau de conscience est amoindri,
il serait peu sage de croire notre pensée

nous-mêmes; ce que nous considérons comme bien ou mal; ce qui fait que nous voyons le bien et le mal comme nous le faisons; comment nous voyons l'événement; comment nous interprétons l'événement dans la lumière de comment nous voyons le bien et le mal, et tellement plus. Notre filtre détermine la "réalité" que nous voyons. Ce filtre est la raison pour laquelle nous pensons, ressentons et agissons comme nous le faisons. Notre filtre est le coupable.

Retournons à l'exemple: Si quelqu'un nous parle d'une façon que certains trouveraient insultante, se sentir insulté ne va pas de soi, indépendamment des mots utilisés. Je pourrais ne pas voir ce qu'ils ont dit comme une insulte. Si je voyais que cette personne était un malade mental par exemple, je ne me sentirais pas insulté par les mêmes mots; j'attribuerais ces mots à sa maladie et je me dirais que cela n'a rien à voir avec moi. Si je voyais cette personne comme étant bien intentionnée et faisant de son mieux mais étant perdue, je ne me sentirais pas insulté. Je pourrais me sentir mal pour lui, parce qu'il vit dans un monde tellement malheureux. Je ne fais pas un effort spécial pour penser de telles choses; c'est ce que mon filtre me laisse voir, mais je ne le sais pas. Nous serions surpris de savoir ce qui se cache dans notre filtre.

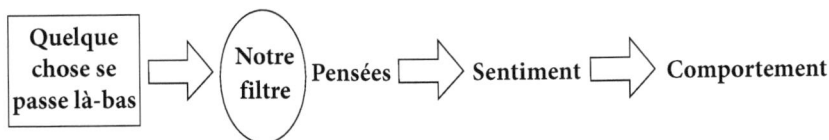

Quelque chose se passe là-bas	⇨	Notre filtre	Pensées	⇨	Sentiment	⇨	Comportement

Imaginez que ce filtre soit un biscuit. Le biscuit est déjà cuit. Supposez qu'il soit brûlé. Nous pourrions essayer d'améliorer le goût de ce biscuit brûlé mais c'est difficile de rendre un biscuit brûlé savoureux, c'est trop tard. Mais le biscuit a été cuit quelque part. Il vient d'un *processus créatif* dans la cuisine. Le filtre est peut-être le coupable, car il est la cause de nos sentiments désagréables, mais la réponse n'est pas dans le filtre. Notre réponse se trouve dans le processus créatif. La réponse qui nous permettra d'obtenir un meilleur biscuit n'est pas dans le biscuit. La réponse est dans la cuisine. La cuisine pourrait cuire un autre biscuit, meilleur et plus savoureux*. Notre processus créatif peut créer un filtre différent. L'Esprit, la Pensée et la Conscience sont nos pouvoirs créatifs. Nous avons utilisé ces pouvoirs créatifs par inadvertance pour imaginer ce filtre de pensées par lequel nous voyons et puis nous pensons, ressentons et agissons en conséquence. Essayer de démêler le filtre, c'est comme essayer d'améliorer le goût d'un biscuit brûlé. Nous pouvons nous rendre compte que ce qui est dans notre filtre est une illusion créée par notre utilisation de L'Esprit, la Pensée et la Conscience, et découvrir qu'un autre filtre peut être créé ou pas de filtre du tout. Une autre "réalité" est automatiquement créée dès que nous nous rendons compte que *nous sommes la cuisine*.

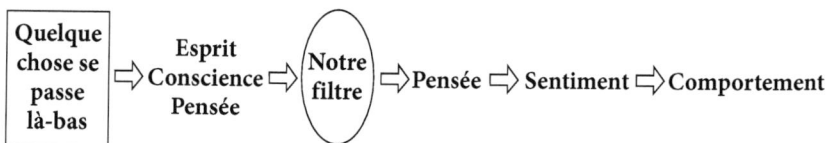

Quelque chose se passe là-bas	⇨	Esprit Conscience Pensée	⇨	Notre filtre	⇨ Pensée ⇨ Sentiment ⇨ Comportement

Imaginez ce que nous ratons quand tous nos efforts portent sur le changement de comportements, ou le fait d'analyser les sentiments (qui sont inventés sur base de comment nous voyons la situation ou la personne), ou de recadrer nos pensées. Imaginez à quel point cela pourrait être décourageant et désespérant d'essayer

---

* J'ai d'abord entendu cette métaphore de Keith Blevens (merci Keith) et il se peut qu'il l'ait entendue de quelqu'un d'autre; et puis un jour j'ai vraiment *vu* cela pour moi-même.

Lorsque notre niveau de conscience est amoindri,
il serait peu sage de croire notre pensée

de démêler ou de patauger dans le filtre sans réaliser d'où cela provient vraiment, la source d'où tout est créé.

Imaginez les possibilités si un meurtrier, violeur, voleur ou toxicomane potentiel comprenait la façon dont la pensée fonctionne et se disait: "Bien que je me sente obligé de faire cela maintenant et que je le veuille tant, je sais que ce ne sont que des pensées. J'ai inventé ce sentiment, ce n'est pas la réalité et je ne dois pas croire ou suivre cette pensée."

L'histoire de Crista

Quelques personnes ont de mauvaises réactions quand ils entendent parler des Trois Principes pour la première fois, peut-être pour certains parce que c'est tellement différent de tout ce qu'ils ont pu entendre auparavant; peut-être parce qu'ils ne veulent pas de cette responsabilité. La réaction de Crista était parmi les pires que j'aie jamais vues. Pendant la première journée de formation elle semblait tout bonnement hostile. Elle semblait se radoucir un peu pendant la deuxième journée, mais elle ne m'a pas beaucoup parlé. Je ne l'ai plus revue pendant deux ans quand, à ma surprise, elle s'est inscrite pour une formation avancée sur les Trois Principes à Woodbury College. Quand elle est arrivée je ne pouvais pas croire à quel point elle avait changé. Elle est devenue une de mes étudiantes les plus enthousiastes.

Tout au cours de ma vie j'ai fait l'expérience de nombreux effets négatifs de mes pensées et décisions malsaines. Pendant de nombreuses années j'ai galéré pendant que je continuais sur un chemin qui semblait fait de cul de sacs et sens uniques. D'innombrables événements ont généré des comportements autodestructifs. Pendant de nombreuses années j'ai galéré avec mon estime de soi et le sens de ma valeur. Je me suis débattue avec de nombreuses frustrations internes, qui ont conduit à l'isolement personnel par rapport à des amis proches et des membres de ma famille. Pendant que je continuais à vivre ces conflits quotidiens, j'ai été capable de trouver un certain réconfort dans l'alcool. Puis j'ai lutté contre l'alcoolisme. Souvent le seul visage que je pouvais voir quand je regardais dans le miroir était le visage du désespoir.

Après avoir vu mon visage lugubre me regarder fixement, je me suis rendue compte que mes efforts pour vivre ma vie n'étaient pas ceux d'une personne saine. Soudainement je me suis rendue compte que je vivais ma vie pour plaire aux autres. Cela menait à encore plus de frustrations et de tristesse. Jour après jour je vivais en me sentant prise au piège, comme s'il n'y avait pas d'issue. Il y a approximativement deux ans j'ai reconnu que ces comportements étaient malsains. J'avais le sentiment que ma vie n'avait pas de sens significatif ou de but. Le seule bonheur que je connaissais était la joie d'être mère, ce qui par moments était très difficile. Après avoir exploré de nombreuses relations, qui se sont terminées dans ce qui semblait être un échec (à cause de mon déséquilibre), je savais que le moment était venu pour des changements drastiques. Donc, après des considérations prudentes et de nombreuses nuits d'insomnie, j'ai décidé de retourner à l'école. Quelque part il y a avait une voix, qui me gardait éveillée la nuit, qui me donnait des instructions de vie très claires et directes. J'étais loin de soupçonner que cette voix que j'entendais était la voix de ma propre sagesse.

Quelque part dans ma décision de retourner à l'école et de faire l'expérience de situations menant à des issues positives, j'ai commencé à reconnaître l'importance de me faire plaisir et d'être heureuse. Je ne savais pas comment j'allais accomplir cela. Ceux auxquels je tenais le plus me disaient que je ne réussirais jamais, que je ne serais pas capable d'atteindre ce but. Cette résistance venait de tous mes amis proches et membres de ma famille. Ceci alimentait mes efforts vers un succès personnel.

En entrant dans Woodbury College comme étudiante adulte, j'ai été confrontée à un nombre croissant d'obstacles pas seulement internes mais aussi externes. J'ai découvert les Trois Principes par un atelier de prévention. J'étais là, assise dans un auditoire rempli d'autres étudiants adultes, à écouter Jack parler de l'Esprit, du pouvoir de la Pensée et de notre capacité à être conscients. Pendant que je restais assise à cet atelier je ne pouvais pas m'empêcher de penser que ceci était juste une autre arnaque, une autre tactique de lavage de cerveau pour nous faire adhérer à la perspective que Jack avait sur la santé. Pendant que j'écoutais Jack "poursuivre" à propos des Trois Principes, j'anticipais un piège. Pendant le reste de la journée Jack continua à parler des Trois Principes, des nombreuses histoires de réussites, de la Santé Innée et de la sagesse que nous avons tous, et des façons dont nous pouvons tous fonctionner à partir de cet espace tranquille et paisible. Pendant que Jack expliquait ceci au groupe, je ne pouvais pas m'empêcher de penser: "Mais oui, bien entendu Jack, si c'était vrai, alors nous nous promènerions tous heureux, libre de tout souci, de toute tristesse, de toute dépression et de toute peur. Et le plus important, Jack, nous n'aurions certainement pas besoin d'être assis ici à t'écouter nous vendre cette information."

Bizarrement, à travers ma résistance, une chose qu'a dit Jack éveilla ma curiosité. En rentrant à la maison après le cours ses mots résonnaient à mes oreilles. J'essayais d'ignorer sa voix, mais je n'y parvenais pas. Jack avait dit que nous créons nos pensées, donc elles peuvent changer, et avec de la patience nous serions tous capables d'entendre cette petite voix au fond de notre esprit qui nous guide dans une direction ou une autre. Jack parlait d'écouter notre sagesse intérieure. J'ai eu une autre nuit blanche. Je ne pouvais pas m'empêcher de me demander quelle était la validité des mots de Jack. J'avais encore un jour sur cet atelier, donc j'ai décidé de tester ceci pour moi-même. En route vers le cours, je ne pouvais pas m'empêcher de penser aux possibilités infinies qui pourraient se trouver dans mon futur. Donc avec ce niveau accru de curiosité, j'ai commencé la seconde journée avec une nouvelle attitude et un niveau de conscience plus élevé. Avant la fin de la journée j'ai commencé à ressentir quelque chose que je n'avais pas ressenti depuis très longtemps. Puis subitement j'ai ressenti un sentiment de liberté, un sentiment de responsabilité, un sentiment de bonheur. De manière inattendue, j'ai commencé à voir ce que j'avais perçu précédemment comme des culs de sacs, comme des routes en construction. Mes choix étaient comme le feu orange. Pour la première fois j'avais l'impression que je pouvais avancer avec mes décisions saines, et le faire avec une prudence saine.

Pourquoi est-ce que les Trois Principes m'avaient été présenté à ce moment dans ma vie? Je n'en suis pas certaine. Cependant, je sais que c'était un véritable cadeau, presque une préparation pour ce que mon futur me réservait. De façon inattendue, quelques mois après avoir participé à l'atelier de Jack et après avoir continué à lire et faire des recherches sur les Trois Principes, ma plus jeune fille a contracté une maladie virale, qui menaçait sa vie. Hannahlei avait 15 mois à ce moment-là. Elle marchait, parlait et était pleine d'énergie. Elle avait les cheveux blonds et les yeux bleus les plus beaux qu'on puisse imaginer. Son enthousiasme était contagieux pour tous ceux avec qui elle entrait en contact. Son sourire pouvait faire fondre n'importe quel cœur endurci. Instantanément, sans aucun avertissement, sa vie fut balayée sous ses pieds, sans aucune explication sur le pourquoi ou le comment. Cette maladie virale laissa Hannahlei incapable de marcher, parler, s'assoir, se tenir debout, même maintenir sa propre tête droite. Ses mains et pieds étaient tellement contractés qu'elle était incapable d'ouvrir ses doigts ou d'écarter ses petits orteils. Au fil des jours, son état empirait. Les docteurs, les infirmières, les équipes médicales et les spécialistes étaient incapables de diagnostiquer ou de traiter sa maladie. La seule chose que nous pouvions voir était la régression constante de sa santé physique. Qu'est-ce que je pouvais faire?

J'avais les mains liées. Tout ce que je pouvais faire c'est tenir ma précieuse enfant dans mes bras, regarder sa poitrine s'affaisser et remonter, s'agrippant à chaque respiration qui la gardait en vie. Je n'arrêtais pas de penser à ce que serait ma vie sans elle. Tout ce que je pouvais penser c'est que j'allais la perdre pour toujours. Soudainement je me suis souvenue des Trois Principes! Instantanément j'ai eu une lueur d'espoir. En quelques secondes mes pensées négatives et mes peurs concernant la maladie de Hannahlei se sont transformées en pensées positives. J'ai commencé à chérir chaque moment ce qui m'a donné la force et le courage de faire face à cette maladie à ses côtés, avec un espoir nouveau. Bien que la santé physique de Hannahlei ne s'améliorait pas, ma santé intérieure, elle, s'améliorait. Hannahlei continuait à porter son sourire radieux, même face à cette souffrance. Nous avons commencé à trouver de l'humour dans des choses qui n'étaient pas tellement drôles jadis.

Avec les jours qui passaient j'étais capable de regarder cette situation épouvantable comme un cadeau. Mon enfant était là et souffrait, et cela a soudé notre famille. Pendant des mois mes deux enfants et moi étions sur la corde raide, capables de faire face à cette crise tout en restant sains, malgré toutes les complications et les handicaps physiques. Ces jours où ma vie semblait s'écrouler devant mes yeux se sont soudain transformés en journées nous permettant de développer force, détermination, santé et volonté.

Aujourd'hui, Hannahlei a surpassé tous les pronostics cliniques en ce qui concerne son espérance de vie. Elle a récupéré presque toute la matière blanche qu'elle avait perdue dans son cerveau. Les séquelles restantes sont des handicaps et difficultés physiques relativement minimes. Depuis beaucoup de choses se sont régénérées, ce qui semblaient précédemment impossibles d'un point de vue médical. D'un autre côté, elle a encore un long chemin à parcourir. Elle se retrouve avec un retard et des handicaps sur le long terme ou même pour la vie.

Bien que la médecine ait été utile pour traiter sa maladie "indiagnostiquable", je crois que le fait d'être connecté à la Santé intérieure a non seulement contribué à sauver la vie de Hannahlei mais est aussi le facteur responsable du maintien de l'équilibre dont nous avions tous besoin pour tenir le coup dans cette situation extrêmement difficile.

Grâce à mon apprentissage des Trois Principes, j'ai été capable d'accepter que le passé est le passé. Je reconnais maintenant l'importance d'être dans l'instant présent, et de faire l'expérience de tout ce que mes pensées ont à offrir. C'est agréable de savoir que j'ai le pouvoir de créer mon propre destin. J'ai l'impression que je suis maintenant capable de donner un exemple de Santé d'une manière qui non seulement me mène à un état plus profond de santé intérieure et de paix, mais a aussi aidé ma famille à donner l'exemple de la Santé qui a été très bénéfique.

Hannahlei, qui a maintenant 3 ans, et Lindsay, qui a 8 ans, trouvent de la force et de l'énergie dans leur santé intérieure. Je crois que j'ai donné l'exemple de la santé d'une façon que mes enfants ont pu reproduire. Bien que nous ayons eu des moments très difficiles, dont beaucoup auraient pu nous abattre, nous sommes maintenant capables de faire face à ces problèmes avec une perspective saine et une nouvelle attitude. Les Trois Principes nous ont permis de non seulement nous reconnecter avec notre santé, mais aussi de rester saines dans ces moments difficiles.

9

Écouter Les Autres Profondément Plutôt Que D'Écouter Notre Propre Pensée Enrichit Notre Expérience

Au lendemain d'une formation des Trois Principes à Porto Rico que Gabriela et moi avions donné, et au cours de laquelle tout le monde avait ressenti des sentiments agréables et chaleureux, nous avons fait une randonnée avec certains participants, dont la plupart se connaissaient. Nous avons longé un long sentier moyennement raide vers une petite cascade. En glissant sur un rocher je faillis tomber dans l'eau. Certains d'entre nous ont nagés. Tout le monde s'est amusé. Quand nous sommes remontés et sommes ressortis de la forêt tropicale nous avons vu deux hommes de notre groupe qui avaient marchés devant nous et qui étaient debout sur l'air de parking dans une discussion animée.

La discussion s'est envenimée. Il semblait que cela eût pu dégénérer. C'était l'antithèse de tout ce dont on avait parlé pendant la formation. Apparemment ils avaient oublié tout ce qu'ils avaient appris, et cela n'avait pas pris longtemps.

Je ne sais pas ce qui m'a pris, mais impulsivement je suis intervenu un plein milieu de la dispute et je me suis mis entre eux. Je pouvais sentir la pression des deux côtés.

— Est-ce que je peux dire quelque chose?

Surpris, ils se sont arrêtés de se disputer pour un moment. Tous les yeux étaient rivés sur moi. Gabriela s'est assise sur le côté en pensant: "Qu'est-il en train de faire?"

J'ai dit:

— Vous savez, quand deux personnes ont un désaccord, c'est vraiment utile de prendre un peu de recul et d'écouter profondément l'autre jusqu'à ce qu'on puisse vraiment le comprendre. De cette façon c'est beaucoup plus facile d'arriver à se mettre d'accord.

C'est une affirmation vraie. Mais je n'aurais pas dû le dire.

Pourquoi? Parce que je n'ai pas pris le temps d'écouter ce qu'ils avaient vraiment besoin d'entendre dans cet instant. Malgré mon discours sur l'écoute, ma propre écoute était très mauvaise.

Ce n'est pas que cela aurait été inutile pour eux de faire ce que je suggérais. Il se trouve simplement qu'à ce moment, tous deux étaient beaucoup trop agacés pour écouter le point de vue de l'autre.

Pourquoi est-ce que je n'avais pas suffisamment écouté? Parce qu'une fois que j'étais intervenu au milieu de la dispute, la pensée suivante m'a traversé l'esprit: "Oh, et maintenant je fais quoi? Qu'est-ce que je fais ici?" J'avais des visions des deux s'attaquant, avec moi au milieu. J'ai ressenti une touche d'insécurité. (Le fait que l'un des deux aurait un jour réglé une dispute avec une machette n'aidait pas vraiment.) Mon esprit commençait à s'embrouiller pour savoir comment s'en sortir.

Il est très difficile d'écouter quand l'esprit prend peur.

Ce qui est intéressant c'est qu'un d'eux a plus ou moins entendu ce que j'avais suggéré et essayait d'écouter, mais l'autre type ne m'avait pas entendu du tout. Il persévérait dans des "Bon, maintenant tu m'écoutes!" de manière aussi passionnée.

Leur dispute portait sur le fait qu'un des hommes, un ex thérapeute masseur, avait donné un massage à la sœur de 14 ans de l'autre (sur une table de massage toujours installée au milieu de la salle de séjour remplie de gens). Son grand frère était très mal à l'aise à ce sujet. Il avait demandé à l'autre d'arrêter mais il ne l'avait pas fait.

— Je suis un professionnel et je n'abuserais jamais de ta sœur. C'est une insulte que tu penses que je puisse le faire.

— Mais ça m'a mis mal à l'aise et je t'ai demandé d'arrêter et tu ne l'as pas fait!

Et discussion sans fin... .

Gardez à l'esprit que ces hommes étaient amis et venaient de passer trois jours ensemble en paix et harmonie. Maintenant il n'y en avait aucune. Ils n'écoutaient pas et étaient sur le point de se frapper.

Si j'avais eu ma pleine capacité mentale j'aurais pris un peu de recul et j'aurais pris une pause avant de m'en mêler. J'aurais dégagé mon esprit et écouté profondément pendant un moment avant de passer à l'action. Je me serais demandé "Que faut-il faire ici et maintenant?" ou "Qu'ont-ils besoin d'entendre maintenant?" et j'aurais attendu. Si je l'avais fait, j'aurais pu entendre qu'ils étaient beaucoup trop énervés pour entendre quoi que ce soit et avaient besoin tout simplement de se calmer. J'aurais pu entendre qu'ils étaient beaucoup trop sérieux et devaient avant tout devenir plus légers. Si j'avais entendu cela à ce moment-là je serais peut-être quand-même intervenu au milieu de leur colère mais j'aurais dit quelque chose comme: "Paix, mes frères.". Cela aurait pu les arrêter net au moins pour un moment afin qu'ils puissent retrouver leurs esprits et se reconnecter à nouveau à ce qui était important.

Au lieu de cela, bien que ce que j'ai dit n'ait pas aggravé les choses, mon intervention n'avait rien amélioré non plus. La dispute resta ouverte, mais nous avons réussi à les mettre dans des voitures différentes et à repartir, Gabriela avec l'un d'eux et moi avec l'autre. Ce que j'ai dit n'avait pas été utile parce que je n'avais pas bien écouté avant de m'en mêler.

Dans une bande dessinée de Calvin et Hobbes la mère de Calvin est dans le salon et lit un magazine. Calvin passe sa tête par la porte de l'autre côté de la pièce et crie:

— Maman! Oh MAMAN!

Sa mère dit:

— Calvin, combien de fois est-ce que je dois te dire de ne pas crier de l'autre côté de la pièce comme ça. Si tu as quelque chose à me dire vient ici et dis-le moi.

Calvin, l'air perplexe, rentre, marche vers elle sur le tapis et dit:

— J'ai marché dans une crotte de chien. Qu'est-ce que je dois faire?

Cela incarne le type d'écoute que nous pratiquons souvent, en particulier avec nos enfants.

Le plus grand problème avec notre écoute, c'est notre propre pensée. Quand nous écoutons les autres nous ne nous rendons souvent pas compte que nous dérivons dans nos propres têtes et perdons l'autre personne, qui continue à parler comme si nous étions vraiment en train d'écouter. Nos pensées quittent la personne que nous sommes censés écouter! Pourquoi? Parce que ce que la personne dit nous rappelle quelque chose, ou peut-être que nous nous focalisons sur ses yeux ou ce qu'elle porte, peut-être que nous nous mettons à penser à ce que nous devrions acheter au magasin plus tard, etc.... Notre conscience suit notre pensée, où qu'elle aille. Par conséquent, nous ne sommes plus conscients de l'autre personne. Notre conscience a sauté vers ce qui se déroule dans notre propre esprit. Nous perdons toute connexion.

Quand j'ai réalisé cela, toute illusion que j'avais d'avoir une bonne capacité d'écoute s'envola. J'ai réalisé que je devais écouter à un niveau différent, plus profond. Donc j'ai appris ce que j'appelle "l'écoute profonde."* J'ai essayé cela et ma capacité d'écoute est montée en flèche. J'ai commencé à entendre bien au-delà des mots des gens. Par exemple, un jour quelqu'un m'a dit: "Mon fils est horrible avec moi, bien que je lui donne tout ce qu'il veut. Je ne sais pas quoi faire." J'ai entendu: "Wow, elle a une attitude de victime et elle ne voit pas comment elle utilise ses pensées de victime contre elle-même."

Comment est-ce que j'ai entendu cela? Elle ne l'a pas dit.

Je ne sais pas. Je l'ai entendu au plus profond de moi-même. Mais ce n'est pas un mystère aussi grand qu'il ne semble.

Quand des parents ont des petits bébés, ils sont presque tous des experts en écoute profonde. Les bébés n'ont pas de mots pour nous dire ce qu'ils veulent dans l'instant donc nous devenons des experts à repérer les signaux ou quoi que ce soit qui nous dise ce qu'ils ont à l'esprit. Nous commençons à comprendre la signification des différents types de pleurs. Nous sommes complètement présents avec eux. Nous avons une connexion très proche et nous pouvons ressentir ce qu'ils veulent de nous. Pas tout le temps mais la plupart du temps. Si l'enfant est heureux nous sommes complè-

---

* D'autres appellent cela "l'écoute verticale". J'ai appris de Linda Pransky comment écouter profondément (merci, Linda).

tement fascinés par ce qu'il essaie de nous dire. Si l'enfant est triste ou dans l'inconfort nous sommes curieux de savoir ce qui se passe parce que le bébé n'a pas de mots pour le décrire. Ce que nous faisons naturellement avec des petits bébés qui ne savent pas parler, ou avec des animaux de compagnie pour savoir ce qu'ils veulent, c'est exactement ce qu'est l'écoute profonde.

L'écoute profonde c'est être complètement présent avec un autre être humain sans rien d'extérieur dans notre esprit. Une connexion très proche en résulte souvent.

L'écoute profonde c'est remarquer un sentiment. C'est écouter avec l'intuition.

L'écoute profonde c'est être fasciné par l'autre personne et curieux de ce qu'il ou elle a à l'esprit.

L'écoute profonde c'est écouter ce qu'une personne essaie vraiment de dire, au lieu d'écouter ses mots.

Pour comprendre ce que les gens essayent vraiment de dire au-delà des mots, il faut que notre propre esprit soit dégagé. Quand nos propres pensées nous préoccupent nous n'écoutons que nous-mêmes et pas l'autre personne. *Notre propre pensée interfère avec notre écoute profonde; en fait, c'est la seule chose qui le peut.*

Cela signifie que quand quelqu'un nous parle, si nous n'avions aucune pensée nous serions naturellement en écoute profonde. Mais c'est impossible de n'avoir aucune pensée. Donc nous permettons tout simplement aux pensées d'aller et venir sans les suivre où elles pourraient nous mener. Plus à ce sujet plus tard.

Malheureusement, dès que nos enfants apprennent à parler, nous oublions notre talent naturel pour l'écoute profonde. Pourquoi? Parce qu'on commence à écouter leurs mots, au lieu de prêter attention aux autres indices ou à ce qu'ils essayent réellement de dire. Les mots deviennent la seule chose que l'on entend. Nous n'écoutons plus ce qu'il y a derrière les mots. Nous perdons souvent cette connexion réellement proche. Nous oublions que nous avons cette énorme capacité de comprendre ce que les gens ressentent et ce qu'ils essayent réellement de dire. Mais cette capacité naturelle d'avoir une écoute exceptionnelle ne nous quitte jamais, pas seulement pour nos enfants, pour n'importe qui. Mais nous oublions que nous avons ce talent incroyable, et nous arrêtons de l'utiliser.

Je ne suis pas enclin à parler en détail de comment *pratiquer* l'écoute profonde parce qu'il n'y a vraiment rien à faire. L'écoute profonde est simple: C'est notre façon naturelle d'écouter. *Si nous n'interférions pas dans notre écoute avec notre propre pensée nous serions naturellement en écoute profonde. Donc, c'est plus un "non faire," une "relaxation dans".* S'il n'y a rien à faire, comment peut-il y avoir des détails?

Certains lecteurs peuvent peut-être se demander: «Si nous n'écoutons pas les mots, alors comment pouvons-nous prêter attention à ce que la personne dit?» L'ironie est que nous sommes justement plus attentifs. Nous comprenons ce qu'elle dit, mais à un niveau plus profond. Ceci n'a rien à voir avec l'observation du langage corporel, ni avec la technique d'"Écoute Active" de répétition ou reformulation de ce que la personne a dit. Toutes ces choses ne font qu'encombrer notre esprit. Au lieu de cela, *sans rien à l'esprit, nous voulons simplement être présents, être fascinés par, ou curieux à propos de ce que la personne essaie vraiment de dire, à quoi ressemble le monde de l'autre personne, ce qui fait que cette personne voit les choses de cette façon?* Rien de cela n'a quelque chose à voir avec ses mots. En même temps, nous enregistrons quand même d'une façon ou d'une autre ce qu'elle dit; ce n'est pas comme si nous ne l'entendions pas du tout.

Quelqu'un Aurait Dû Nous Le Dire!

Pourquoi est-ce que je passe du temps à parler de l'écoute profonde bien que ce livre parle de développement *personnel*? Parce que l'écoute profonde est une des clefs qui donnent de la proximité et du pouvoir dans les relations.

Pensez-y: Quand une relation amoureuse commence nous sommes généralement des experts en écoute profonde. Nous sommes totalement présents à l'autre personne. Nous ressentons une incroyable proximité. Nous sommes fascinés par ce que l'autre personne dit. Nous sommes complètement curieux à propos de l'autre. Nous ne nous préoccupons pas des mots; ce qui nous importe c'est le sentiment. Nous mettons de côté ce qui est dans notre esprit afin de boire l'esprit de l'autre. Écoute profonde parfaite!

Imaginez être avec votre partenaire comme cela la majorité du temps. Est-ce que votre relation ne serait pas incroyable? Quand perdons-nous cela? Souvent nous sommes distraits par des pensées sur ce que devrait être notre partenaire ou ce qu'il devrait faire et nous arrêtons d'écouter.

Imaginez être fasciné par ce que quelqu'un (qui que ce soit) essaie vraiment de dire. Nous aurions automatiquement une excellente écoute. Nous serions automatiquement réceptifs à cette personne et nous aurions un sentiment agréable parce que l'intérêt et la fascination sont agréables. Le sentiment que nous ressentons est une connexion proche avec l'humanité de la personne.

Imaginez comment ce serait d'être curieux ou complètement intéressé par la façon dont une autre personne perçoit son monde. Imaginez être capable d'écouter jusqu'à ce que nous comprenions vraiment à quoi ressemble le monde de cette personne pour elle, ou pourquoi cela a du sens pour elle de faire ce qu'elle est en train de faire.

Écouter les autres profondément enrichit notre expérience

Plus notre partenaire ressent que nous sommes intéressés par son point de vue et ressent une connexion proche, plus notre partenaire sera tenté de se détendre, ce qui calme l'esprit et inspire peut-être même de nouvelles prises de conscience.

Un jour pendant une formation sur les Trois Principes en Ohio je parlais du fait qu'il est possible de vivre chaque expérience depuis différents niveaux de compréhension, et que quand nous voyons les choses sous un angle négatif, c'est que nous avons inventé cette façon de voir les choses par inadvertance. Tout à coup, une participante s'est lancée dans une tirade selon laquelle tout ce que je disais n'était qu'une autre forme de psychologie et qu'elle ne voyait pas comment cela pouvait fonctionner avec les enfants.

J'ai dit:

— Cela a fonctionné avec les enfants. Cela fonctionne avec les enfants.

Elle a hoché la tête catégoriquement.

— Je ne peux pas voir comment.

J'ai demandé:

— Êtes-vous bien en train de dire que vous ne croyez pas que ce soit vrai?

Je voulais sincèrement savoir ce qu'elle voulait dire.

J'étais sur le point de lui donner quelques exemples de où et comment cela fonctionnait avec les enfants mais elle a me dit:

— Je ne dis pas que vous êtes un menteur. Je ne peux juste pas voir comment.

Puis elle a déversé une quantité incroyable de négativité.

Elle n'avait pas entendu une seule des choses que j'avais dites.

La conversation prenait une tournure que je n'aimais pas trop. Je sentais que je commençais à être un peu sur la défensive (ce qui est très rare pour moi pendant une formation; j'étais sans doute de mauvaise humeur), et pendant qu'elle parlait je sentais que j'étais sur le point de répondre depuis ce sentiment défensif.

Tout à coup, je suis tombé en écoute profonde (ce que, je dois l'admettre, je n'avais pas fait jusqu'à ce moment), et un sentiment m'a submergé.

Je pensais: "Ooh, cette femme vit dans un monde tellement négatif!" J'avais tellement de peine pour elle. "Elle doit être dans tellement de souffrance pour penser qu'elle doit vivre comme cela."

Une vague de compassion profonde m'a envahi. Dès que j'ai ressenti cela tout mon corps s'est détendu. Maintenant je voyais cette femme complètement différemment, et ce qu'elle disait n'avait plus d'effet sur moi. J'étais alors capable de répondre d'une façon qui a atténué la part la plus agressive de ce qu'elle disait et cela a élevé l'humeur de tout le groupe. Si j'avais répondu sans écoute profonde préalable j'aurais pu avoir un problème.

Lorsque nous rencontrons quelqu'un à une réunion ou pendant une fête ou un dîner ou bien où que ce soit, comment entrons-nous en conversation avec cette personne? Rentrons-nous dans cette conversation pour mettre en avant ce qui nous préoccupe, pour étaler ce que nous savons, où est-ce que nous y allons pour apprendre quelque chose de nouveau ou pour assimiler tout ce qu'on peut de cette autre personne? Le plus souvent, il semble que la plupart des gens préfèrent parler qu'écouter. Nous semblons beaucoup plus intéressés à exprimer ce que nous avons à dire qu'à écouter ce que les autres ont à dire. Le problème est que quand nous parlons ou que nous pensons à ce que nous voulons dire, nous n'écoutons pas. Pourquoi? Parce que nous ne pouvons pas avoir un esprit vide et réceptif si nos propres pensées l'encombrent.

À nouveau, ce n'est pas un mystère. Nombre d'entre nous faisons l'expérience de l'écoute profonde quand nous sommes dans la nature et que nous absorbons la multitude de sons par nos sens. Beaucoup d'entre nous en font l'expérience naturellement quand nous écoutons la musique que nous aimons. Nous avons déjà parlé de notre capacité d'écoute naturelle quand nous tombons amoureux ou quand sommes avec un bébé ou un animal de compagnie. Il est possible d'écouter un étranger ou tout autre être humain de la même manière. Quel concept! Nous ne ressentirons peut-être pas d'amour, mais nous aurons une meilleure expérience. Écouter la nature ou la musique qu'on aime nous donne souvent un sentiment agréable. C'est ce genre de sentiment qu'on a tendance à ressentir si on écoute profondément un être humain intéressant.

Et si la personne n'est pas intéressante, dites-vous? Et si elle est ennuyeuse? Ou odieuse et méchante?

Disons que nous faisons l'expérience d'un de ces cas. Que se passe-t-il dans notre esprit? Prenez "ennuyeux" par exemple. Nous pouvons nous dire: "Oh mon Dieu, cette personne est tellement ennuyeuse! Elle répète inlassablement les mêmes choses encore et encore et ne se rend pas compte que personne n'a le moindre intérêt pour ce qu'elle dit."

Nous devons avoir beaucoup de choses à l'esprit.

Cachée dans le fond de notre esprit (notre filtre) il se peut qu'il y ait une idée de ce que "ennuyeux" signifie pour nous. Si nous avons passé du temps avec cette personne précédemment il se peut que nous ayons des souvenirs de cette personne en pleine action et de comment nous nous sentions à ces moments-là. Il se peut que notre esprit dérive, ou que nous décrochions complètement et que nous nous imaginions déjà ailleurs. Il se peut que nous soyons agacés d'être coincés là à écouter cette personne ennuyeuse. Tout ceci nous remplit la tête! Une spirale vers le bas de notre pensée commence et nous avons une expérience désagréable. Plus la spirale nous aspire vers le bas, plus notre expérience est désagréable. Avec tout cela dans notre esprit la qualité de notre écoute s'écroule, parce que c'est le contraire d'un esprit vide. Plus nous avons de choses à l'esprit, moins nous sommes capables d'écouter, point final.

Au lieu d'avoir l'expérience de "ennuyeux", supposez que vous soyez fasciné par ce qui pourrait faire que cette personne donne cette impression? Qu'est-ce qui lui fait penser qu'elle donne une bonne impression? Comment est sa vie? Comment voit-elle le monde? Est-ce que cela ne serait pas intéressant? Écouter comme cela, signifierait avoir une toute autre expérience de la même personne, probablement une expérience plus agréable. Est-ce que cette personne se rend compte de l'impression qu'elle donne? Si non, pourquoi pas? Que voit-elle qui lui fait penser que ceci est la chose à faire? Ce seraient des questions intéressantes pour guider notre écoute.

Je sais que certains lecteurs pourraient penser: "Je pensais que vous aviez dit de n'avoir rien à l'esprit. Est-ce que toutes ces questions ce n'est pas avoir quelque chose en tête?"

En première approche cela pourrait sembler contradictoire, mais nous ne voulons même pas ces questions en tête. Ceci est un autre paradoxe. Nous ne voulons pas être en conversation avec aucune de ces questions ou quoi que ce soit dans notre esprit. Si nous écoutons avec un esprit paisible, des questions comme celles-là ou d'autres pourraient nous venir à l'esprit. Nous pourrions nous poser la question: "Je me demande à quoi son monde ressemble.", et puis immédiatement oublier cela et simplement être silencieux à nouveau. De cette façon nous établissons notre intention de capter une réponse à notre question tout en gardant un esprit ouvert. Qu'avons-nous à perdre? Avec toutes les autres pensées que nous avons, nous avons déjà une mauvaise expérience de la personne que nous voyons comme ennuyeuse.

L'ironie est que nous nous sentirions naturellement proches des autres êtres humains si nous n'avions pas de pensées extérieures. Ce que nous essayons d'obtenir nous l'avons déjà, et nous ne pouvons qu'interférer avec.

Une autre ironie, c'est que *l'écoute profonde NOUS apporte un bénéfice*. Bien entendu, c'est agréable pour l'autre personne parce que tout le monde aime être vraiment écouté, mais grâce à l'écoute profonde nous profitons plus du temps que nous passons avec d'autres personnes. Nous en tirons un plus grand bénéfice. L'enjeu, c'est notre propre plaisir et notre satisfaction. Cela ne prend pas plus de temps. Il n'est pas du tout *nécessaire* de *pratiquer* l'écoute profonde. Mais il faut savoir que nous recueillons le fruit de notre écoute, quelle que soit son acuité.

Un jour alors que je conduisais je n'avais envie d'écouter ni de la musique ni mes propres pensées, donc j'ai allumé la radio et je suis tombé sur le Dr Joy Brown. Elle est connue pour donner des conseils aux personnes qui appellent son émission, et c'est souvent basé sur le bon sens. Quelqu'un appelait et parlait d'une amie avec qui elle se disputait toujours sur le même sujet, et cela nuisait à leur amitié. Le bon docteur a dit quelque chose comme:

— Si vous vous disputez avec une amie, toujours sur le même sujet, comme la politique, convenez de ne plus en parler.

Le Dr Joy a peut-être fait preuve de bon sens mais elle n'a pas démontré d'écoute profonde. Je veux dire, je n'ai rien contre Joy

Brown, je veux juste suggérer que donner des conseils est une autre façon d'encourager les gens à chercher les réponses hors d'eux-mêmes. C'est comme dire: "Si vous m'écoutez (puisque vous ne semblez pas être capables d'écouter votre propre bon sens), tout ira bien." Les conseils ne sont utiles que s'ils permettent une nouvelle prise de conscience et que la façon de penser change; sinon les conseils vont rebondir contre le filtre de pensée de l'autre personne.

Si le Dr Joy Brown avait écouté profondément la personne qui avait appelé avant de donner des conseils elle aurait pu entendre ce que j'ai entendu. Cette personne souffrait parce qu'elle avait le sentiment de perdre le lien avec son amie, parce qu'elles voyaient chacune le monde différemment et elle ne savait pas comment combler ce fossé. "Convenez de ne plus parler de ces choses" ne résout pas le problème sous-jacent.

Si ces deux amies apprenaient l'écoute profonde chacune d'entre elles pourrait comprendre encore mieux le monde de l'autre et elles seraient encore plus proches. Sinon elles auront toujours des pensées problématiques qui perturberont leur amitié. L'écoute profonde donne aux gens une expérience plus profonde les uns des autres sans les éruptions que font naître des opinions opposées.

Si nous sommes en désaccord avec quelqu'un, au lieu de proposer des arguments et de sentir la tension, nous pourrions écouter avec curiosité ce qui a du sens pour l'autre personne. Qu'est-ce qui ferait que cette personne voit les choses de sa façon? Qu'est-ce qui ferait que mon partenaire, ou mes enfants, mon associé, mes voisins ou la caissière qui a été désagréable avec moi, voient les choses de cette façon? C'est plus fascinant que de débattre depuis notre point de vue et d'essayer d'imposer notre "réalité" à quelqu'un d'autre. Nous pourrions leur poser des questions pour voir encore mieux. Nous voulons atteindre un point où nous pouvons réellement nous dire: "Oh, je vois pourquoi il voit les choses de cette façon! Je comprends.". Ça c'est écouter au-delà des mots. Cela ne veut pas dire que nous devons être d'accord. Cela veut seulement dire que nous comprenons ce qui leur fait voir les choses comme ils les voient. Cela veut dire que nous écoutons jusqu'à ce que nous comprenions pourquoi cette personne prend cette position étant donné la façon dont elle voit le monde. Si elle est alors disposée à nous écouter de la même façon et comprend pourquoi nous voyons les choses de la façon dont nous les voyons, nous gardons et développons un lien proche, même s'il se peut que nous soyons en désaccord sur un point que nous considérons important. Même si elle ne peut pas voir les choses comme nous, nous serons quand même plus à même de bien nous entendre parce que nous comprenons mieux ce dont l'autre personne a besoin. (Imaginez si la gauche et la droite, les conservateurs et les libéraux prenaient le temps de s'écouter profondément pour le bien du pays...)

Trouver un accord est toujours mieux que de se retrancher dans sa position.

Le lecteur avisé reconnaîtra que c'est ce que j'avais essayé de transmettre aux deux types qui se disputaient au début de ce chapitre. Mais à ce moment-là je n'avais pas assez bien écouté pour entendre ce dont ils avaient besoin à ce moment-là parce que leurs esprits (et le mien) étaient tout sauf calme. Si les esprits sont calmes, cette approche de résolution de conflits par l'écoute profonde est particulièrement utile avec nos enfants, conjoints, collègues, les voisins, ou qui que ce soit avec qui nous pourrions avoir des difficultés. Être capable de réellement entendre "Oh, je vois pourquoi ils voient les choses de cette façon!" c'est élever notre façon de penser, et celle de l'autre personne.

En outre, plus nous écoutons les autres, plus ils ont tendance à nous écouter.

Lors de notre déplacement suivant à Porto Rico j'ai découvert que la vie de Julia [la psychologue du Chapitre 5] s'était améliorée significativement. Elle n'était plus déprimée. Elle était moins stressée. Elle était plus efficace avec ses clients. Sa vie avait encore ses hauts et ses bas. Bien qu'elle travaillât très dur elle se sentait souvent coupable de ne pas en faire assez ou de se relâcher. Pendant que je l'écoutais profondément il m'a semblé qu'elle voyait encore trop de "réalité" (la façon dont les choses sont) dans beaucoup d'aspects de sa vie, et si elle voyait plus l'illusion (des créations de sa propre pensée) elle atteindrait un niveau de compréhension encore plus profond.

Un soir Julia a décidé de prolonger ses vacances d'un jour. Après tout, elle venait de déménager vers un nouvel appartement et elle devait faire encore beaucoup de choses avant qu'il ne soit prêt ; et en plus, Gabriela et moi étions en visite. Très vite, elle fut accablée de culpabilité.

Pendant que nous nous promenions dans la ville Julia fut tout à coup affamée et elle disait qu'elle devait vraiment manger. Le temps que nous nous asseyions dans un restaurant elle avait complètement perdu son appétit. Au lieu de cela, elle avait un terrible mal d'estomac.

Julia me dit que cela lui arrivait souvent, à chaque fois qu'elle commençait à se sentir coupable de se relâcher. Bien que de telles douleurs fussent autrefois constantes, maintenant elles ne venaient que tous les quelques jours et ne duraient que dix ou quinze minutes jusqu'à ce qu'elle se souvienne que ce n'était que sa pensée et qu'elle ne devait pas prendre ça trop au sérieux. Mais alors qu'elle partageait cela, ses yeux se remplirent de larmes.

Je dis doucement:

— Parce que nos sentiments paraissent tellement réels, ce que nous voyons nous paraît vraiment réel. Toutes tes raisons pour te sentir coupable ont l'air réelles (c'est le travail de la conscience), mais elles ne sont qu'une illusion. Par inadvertance tu inventes tes propres critères de mesure de ton comportement, puis tu inventes l'idée d'avoir atteint ou non ces critères, puis tu inventes à quel point tu devrais être contrariée parce que tu n'atteins pas ces critères. Si tu voyais vraiment tout ça comme une illusion tu ne serais pas emprisonnée dans cette 'réalité.'

Julia dit:

— Oui, quand je conseille les autres c'est ce que je leur dit aussi. Je leur raconte que quand j'étais vraiment déprimée et que j'étais juste couchée à la maison à me morfondre j'avais décidé que je sortirais danser. Pendant ces quelques heures j'oubliais que j'étais déprimée. Puis rentrée à la maison, je me sentais mieux malgré moi. Puis je retombais dans la déprime, mais pendant quelques heures j'avais oublié.

— Hmm. Ce n'est pas exactement ce que je dis.

— Qu'est-ce que vous voulez dire?

— Je ne parle pas d'oublier temporairement ce qu'on voit comme 'réel.' C'est plus profond que ça.

Pour une raison quelconque je n'étais pas capable d'énoncer assez clairement ce que je voulais dire.

Julia renchérissait:

— Il s'agit bien d'oublier et je comprends bien ce que vous dites.

Ironiquement, pendant ce temps elle avait oublié son mal d'estomac et elle avait à nouveau faim.

Quelqu'un Aurait Dû Nous Le Dire!

Je dis:

— C'est ce que je voulais dire au sujet d'oublier ce que tu vois comme 'réalité'. Nous parlons d' 'oublier' de façon différente. Je parle de ce qui vient de se produire pour toi. Tout à coup la culpabilité que tu ressentais il y a de ça juste un moment a perdu son importance parce que tu étais engagée dans une discussion sur « oublier ». Tu as oublié la réalité de la culpabilité qui te causait ce mal d'estomac, mais tu n'as pas fait de grands efforts pour oublier comme tu l'as fait quand tu sortais danser.

Pour Julia c'était la même chose. Elle commençait à devenir un peu agacée.

Pendant que je l'écoutais quelque chose me dérangeait. J'ai dit:

— Si tu pouvais vraiment voir ce que j'essaie de dire, tu serais libre.

Elle s'arrêta net. Son visage trahissait un regard de peur. Qu'est-ce que c'était?

Nous avons quitté le restaurant, nous sommes retournés à sa voiture et nous nous sommes mis à rouler. J'entendais quelque chose qui venait du plus profond, au-delà de mon intellect mais je n'arrivais pas à mettre le doigt dessus.

Nous sommes passés devant un endroit où on voyait la lune refléter la lumière sur les vagues dans l'océan noir. Nous nous sommes arrêtés pour admirer la vue.

Nous étions debout en silence, à regarder la beauté.

Dans le silence je me demandais ce que Julia ne voyait pas. Je savais que le vrai problème n'était pas ce dont Julia discutait; c'était quelque chose de plus profond. Mais quoi? C'était comme avoir quelque chose sur le bout de la langue, juste hors de portée. Je suis redevenu silencieux, j'ai calmé mon esprit et je me suis concentré sur l'océan foncé éclairé par la lune et les étoiles.

Soudainement je l'ai vu! J'ai entendu bien au-delà de ses mots. Julia avait peur de la liberté.

J'ai dit à Julia ce que je voyais. Ça l'a profondément affectée. Elle savait que c'était vrai, bien qu'elle ne l'ait jamais réalisé auparavant. D'une certaine manière c'était plus réconfortant d'avoir ses vieilles excuses. Elle ne savait pas comment serait sa vie sans cette vieille habitude, et ça lui faisait peur.

J'ai un peu parlé d'avoir peur d'un futur qui ne peut pas être prédit, une autre illusion de notre propre création. Quand même, je sentais que quelque chose de plus devait être révélé. Je devais écouter encore plus profondément. En dépit des vieilles habitudes familières, qu'est-ce qui pourrait faire que quelqu'un ait peur de quelque chose comme la liberté? La pensée m'intriguait. Je me demandais "Pourquoi est-ce que Julia aurait peur de la liberté?" et à nouveau j'ai rendu mon esprit silencieux.

Nous étions de retour dans la voiture et avions commencé à rouler. Nous l'avons vu tous les deux simultanément.

Julia avait une croyance profonde qu'elle ignorait. La raison pour laquelle elle avait peur de la liberté tenait au fait qu'elle pensait ne pas en être digne.

C'était gros.

Presque toute sa vie Julia avait pensé du mal d'elle-même à cause de ses pensées au sujet de comment elle avait été traitée dans son passé et toute la douleur qu'elle avait endurée. Bien qu'étant en train d'en sortir, elle se sentait encore indigne. C'est pour cela qu'elle avait toutes ces douleurs d'estomac.

Cette nouvelle prise de conscience toucha Julia profondément. Il se peut qu'il y ait des "pourquoi" encore plus profonds à explorer, mais pour l'instant c'était suffisant pour elle.

Quelqu'un Aurait Dû Nous Le Dire!

Il y a toujours des niveaux de plus en plus profonds d'écoute, de nous-mêmes et des autres. L'écoute profonde de nous-mêmes c'est être dans un état de réflexion paisible. Nous pouvons nous poser une question comme: "J'aimerais voir pourquoi je me sens coincé à ce sujet." Puis on oublie, on sort cela de notre esprit, on redevient paisible, on continue à vivre notre vie et on voit ce qui vient.

10

Nous Ne Sommes Coincés Qu'Autant Que Nous Pensons L'Être, Ni Plus Ni Moins

Alyson et son fils Mark, adolescent, étaient en situation de blocage.

Ils sont arrivés tous les deux à une formation que je donnais sur l'île de Maui. Ils savaient que j'avais écrit *Parenting from the Heart* et ils pensaient que je pourrais les aider avec un problème qui était un vrai souci pour eux.

Mark venait d'avoir seize ans et il venait d'obtenir son permis de conduire. Ses parents lui avaient donné une voiture et lui avaient dit de ne pas faire d'excès de vitesse. Il avait promis qu'il n'en ferait pas. En quelques mois il avait été impliqué dans cinq incidents d'excès de vitesse, l'un d'entre eux provoquant l'éclatement d'un pneu sur une route en pierre de lave.

C'était inacceptable. Le père de Mark voulait lui reprendre définitivement la voiture. Alyson, sa mère, pensait que c'était trop sévère. Elle voulait intervenir mais avait peur que ça l'éloigne de Mark. Mark savait qu'une punition serait justifiée mais il avait peur de ce qui pouvait lui arriver. Les deux voulaient vraiment une solution satisfaisante. Les deux étaient bloqués et voulaient en discuter avec moi. Les autres participants à la formation donnèrent leur accord. Ils étaient curieux de savoir comment j'aborderais une telle situation.

J'avais déjà parlé avec eux des Trois Principes, Esprit, Conscience et Pensée, et Alyson et Marc avaient trouvé cela intéressant. Notre interaction était agréable. Alors je leur ai posé des questions et j'ai écouté profondément. Il était apparent qu'ils avaient une très bonne relation pour une mère et un adolescent.

Alyson nous dit qu'elle pensait lui interdire de participer cet été à une comédie musicale dans laquelle il était impliqué. Mark voulait absolument participer à ce spectacle.

J'étais confus. Si le problème c'était la voiture et les excès de vitesse, qu'est-ce qu'une comédie musicale d'été avait à voir avec ça? Si je ne pouvais pas suivre la logique, j'étais assez certain que Marc ne la suivait pas davantage. Pour moi cela ne faisait qu'apporter un supplément de confusion dans cette affaire.

J'étais aussi confus par le comportement de Mark. Je lui ai demandé s'il connaissait les attentes de ses parents en termes de conduite, et il dit oui. Quelque chose ne tournait pas rond.

Je lui ai dit:

— C'est curieux. Je me demande pourquoi quelqu'un qui connait ces attentes les violerait?

Mark dit:

— Ce n'est pas mon intention. Il y avait juste ces situations...

— Donc violer ces attentes est acceptable, dans certaines situations?

— Bien, non, mais...

Je l'ai laissé réfléchir pendant un moment et je me suis tourné vers sa mère.

— Alyson, qu'est-ce qui vous dérange le plus dans son comportement?

Elle réfléchit pendant un moment.

— Bien, deux choses en fait. D'abord, s'il ne peut pas agir de façon responsable, conduire une voiture est vraiment trop dangereux. Il pourrait se tuer s'il roule trop vite. Je l'ai arrêtée et je me suis tourné vers Mark.

— Est-ce que tu peux comprendre cela de son point de vue?

Il dit:

— Oui.

Je me suis tourné à nouveau vers Alyson.

— Quelle est la seconde chose?

— C'est toujours comme ça avec Mark. Je veux dire, je sais qu'il a de bonnes intentions et c'est un super garçon, mais souvent je dois lui répéter mes demandes de nombreuses, nombreuses fois avant qu'il ramasse ce que je lui demande de ramasser, ou qu'il donne à manger au chien ou des choses comme ça et parfois il ne le fait pas du tout.

Ceci m'intéressa aussi. Je dis:

— Eh bien, si vous devez lui dire plusieurs fois de faire quelque chose il me semble qu'il ne pense pas que vous êtes sérieuse. Alors pourquoi devrait-il penser que vous êtes sérieuse en ce qui concerne les excès de vitesse? Il ne doit pas respecter les règles tant qu'il ne pense pas que vous êtes sérieuse."

Alyson me regardait un peu penaude. Les coins de la bouche de Mark trahissaient un petit sourire.

Je me suis tourné vers Mark.

— Mark, tu m'as dit que tu sais quelles sont les attentes, alors que penses-tu quand tu roules trop vite?"

— Je n'en ai pas l'intention. C'est juste que j'oublie.

Alyson ajoutait:

— Oui, il est tellement absorbé par ce qu'il fait qu'il oublie ce qu'on lui demande - pas juste avec la voiture mais avec plein de choses, comme je l'ai dit.

— Donc le problème, alors, ce n'est pas la vitesse. Le problème, c'est 'l'oubli'. La vitesse est un symptôme de 'l'oubli'. Mais puisque la vitesse est un symptôme à ce point dangereux, vous avez vraiment besoin de son engagement qu'il ne va pas faire d'excès de vitesse, en dépit de ses 'oublis', c'est correct?

— Absolument.

Je me suis tourné vers Mark.

— Tu peux comprendre pourquoi tes parents ont besoin de pouvoir te faire confiance si tu vas conduire un missile mortel, qu'ils ont besoin de savoir que tu es en sécurité, non?

— Oui, je comprends cela.

— Donc, Alyson, ceci doit absolument être résolu parce que c'est trop dangereux. Mais en essayant de résoudre ça, si on ne résout pas le problème sous-jacent de 'l'oubli' ça ne marchera jamais, voyez-vous?

— C'est vrai, alors que suis-je censée faire? Je sais qu'il ne le fait pas exprès, mais je ne veux pas m'inquiéter à la seule idée qu'il soit en danger. Qu'est-ce que vous feriez?

— Ce que moi je ferais n'est pas important.

— Mais j'aimerais vraiment savoir ce que feriez.

J'ai soupiré puis j'ai dit:

— Eh bien, je voudrais que ma sagesse me parle. Sachant qu'il ne le fait pas exprès mais que c'est trop dangereux de continuer ainsi, si c'était moi je nettoierais l'ardoise et prendrais un nouveau départ. Mais je serais très clair sur le fait que, s'il viole l'engagement sur la vitesse ou la sécurité une fois de plus, il n'y plus de voiture, point, pas de question. S'il sait cela dès le départ, alors c'est à lui de décider que faire.

— Oui, c'est fantastique. Cela rend les choses très claires et ce n'est pas trop sévère parce qu'il reçoit tout de même une nouvelle chance.

— Mais Alyson, s'il fait UN SEUL excès de vitesse vous devrez absolument tenir vos promesses, vous savez? Sinon, son ancienne façon de penser reviendra immédiatement. Et vous savez que vous vous sentiriez mal s'il fallait mettre à exécution cette menace et lui retirer la voiture non?

— Je sais.

Mark dit:

— C'est juste.

Je lui dis:

— Mark, si j'étais toi je n'accepterais pas ça aussi vite. Je veux dire, les implications sont lourdes, parce que, si tu violes cette règle, plus de voiture. Et si tu oublies? Nous n'avons toujours rien fait concernant ce problème d' 'oubli'.

— Non, je pourrais y arriver.

— Je ne suis pas certain que tu en seras capable, honnêtement. J'ai remarqué que la limite de vitesse est très basse ici sur Maui. Un petit moment d'oubli et tout est fini, et tu as une méchante habitude d'oublier facilement. Donc je suis curieux: qu'est-ce qui te passe par la tête quand on te demande de faire quelque chose avant d'oublier?

Mark prit un moment pour réfléchir.

— Je suis complètement absorbé par quelque chose et je me dis, 'Okay, encore une minute avant que je finisse ce que je fais.'

— Et après?

— Je suis absorbé à nouveau et je n'y pense plus.

— D'accord, donc ça c'est ton habitude. Je sens bien que tu ne le fais pas exprès. Mais le fait est que ce que tu es censé faire n'est pas fait. Et quand tu conduis?

— Comme je l'ai dit, c'est seulement quand il y a des circonstances spéciales, comme quand je suis en retard ou quelque chose comme ça.

Alyson complétait:

— Il est en retard et il part à la dernière minute parce qu'il est tellement absorbé par ce qu'il fait qu'il en oublie de partir à temps.

— Mark, alors c'est une excuse pour rouler trop vite?

Mark dit:

— Bien, je ne veux pas être en retard.

— Donc en plus du problème de 'l'oubli', il y a aussi le problème des 'exceptions'.

Confus, il répondit:

— Oui.

— Bon, souviens-toi de ce que j'ai dit précédemment sur le fait que la Pensée crée notre expérience? Dans ce cas tu reçois une double dose. Non seulement tu utilises ce don incroyable de la Pensée pour te raconter à toi-même, 'C'est plus important de terminer ce que je suis en train de faire que de faire ce qu'on m'a demandé tout de suite.' puis 'C'est mieux de rouler trop vite que d'être en retard.' Tu vois, ces deux pensées te donnent une 'réelle' expérience qui a l'air vraie dans ta Conscience, mais en plus, ces pensées *te mènent* à des comportements qui te jettent dans des situations problématiques.

Mark dit:

— Oh, c'est ça que tu voulais dire précédemment quand tu disais que c'est une illusion.

— Oui, ta pensée te joue des tours, et tu tombes dans le panneau, et ça te mène à un point ou tu risques de perdre ta voiture. Et tout ça a commencé en te fiant à ces pensées qui te passent par la tête. Mais tu ne dois pas les croire! Ça c'est ta protection. Parce que si tu arrêtes de croire que 'Je ne peux pas arrêter ce que je fais pour un instant.' Ou que 'Je suis en retard donc je dois rouler plus vite.', si tu laisses filer ce genre de pensées, elles ne pourront plus te faire du mal. Et ce qui restera, ce sera l'écoute de ta propre sagesse, qui te dit quelle est la meilleure chose à faire. Ce sont tes tripes qui te disent ce qui est juste. Donc tu vas devoir faire très attention à ta manière d'appréhender ces pensées, sans quoi tu vas finir par perdre ta voiture. Tu vois cela?

— Oui je vois. Je ne roulerai pas trop vite si je ne prête pas attention à ce que ces pensées me dictent.

— Correct! Mais maintenant tu as l'habitude de penser comme ça, donc ces pensées reviendront mécaniquement. Il va falloir que tu gardes un œil là-dessus: les pensées qui te font appuyer sur l'accélérateur, et les pensées qui t'empêchent d'arrêter un jeu vidéo.

— D'accord.

— Et toi, Alyson, tu tombes dans le panneau de tes pensées aussi. Est-ce que tu sais par quoi tu te laisses avoir ?

— Les pensées qui me conduisent à le laisser un peu trop tranquille ? Je sais ce que c'est aussi. Je ne veux pas qu'il ait à souffrir. Je l'aime et je ne veux pas qu'il ait mal, et je ne veux pas mettre en danger notre relation.

— Penser qu'une attitude ferme serait à même de mettre en danger votre relation tient tout autant de l'illusion. En fait, à long terme c'est une bonne chose par ce que ça lui apprendra une leçon importante.

Ils étaient tous les deux d'accord.

Quelqu'un Aurait Dû Nous Le Dire!

Maintenant les deux étaient « débloqués ». Ce qui semblait impossible pour chacun d'eux quand ils étaient arrivés était devenu possible en fin de compte. Ils m'ont remercié avec profusion et sont repartis satisfaits.

Quand nous nous sentons bloqués, en réalité, nous ne le sommes pas.

Le sentiment de blocage est une autre illusion. Nous ne sommes bloqués qu'au niveau de conscience que nous avons à un moment déterminé. Pourquoi? Parce que c'est la seule chose que nous pouvons voir! Alors évidemment, nous sommes bloqués si c'est tout ce que nous pouvons voir. Mais cette restriction ne tient qu'au fait que nous regardons dans une perspective fixe et étroite. Nous ne pouvons pas voir ce qui se trouve dans des degrés de conscience plus élevés. Pas encore! Et tout ce que l'on pourra y trouver est une source de nouvelles possibilités et d'espoir. Ce que nous voyons avec notre pensée à un moment donné constitue notre seule limite.

Pendant que nous visitions le Luna Lodge, un endroit isolé, incroyablement beau et paisible, niché entre la plage et la forêt tropicale au sud-ouest du Costa Rica, un guide nommé Oscar emmena quelques-uns d'entre nous en randonnée vers une cascade. C'était une marche courte mais en pente raide à travers la forêt tropicale. J'étais sur le point de marcher dans le bassin de la cascade quand Oscar me dit fermement:

— Attends!

Il dit qu'un iguane venait de rentrer dans le bassin au moment où nous arrivions. Seul Oscar l'avait vu. Il dit qu'il allait essayer de le faire sortir avec un bâton. Était-ce une plaisanterie? Comme je voyais qu'il n'entrait pas dans l'eau pour l'attraper, j'ai décidé de ne pas vérifier.

D'après Oscar, les iguanes sont généralement très doux, mais ils peuvent mordre s'ils se sentent attaqués ou apeurés. Pendant environ cinq minutes Oscar continua de triturer l'eau avec son bâton de marche. Il ne semblait vraiment rien n'y avoir là-bas. Est-ce que les iguanes ne doivent pas remonter pour avoir de l'air? Tout à coup, nous vîmes une longue queue apparaître à la surface de l'eau et redescendre. Pff! Apparemment il ne plaisantait pas. Puis un nez est remonté et redescendu. Oscar poursuivit ses manipulations dans l'eau pendant encore cinq minutes. L'iguane sortait et replongeait, Oscar le fit sortir à nouveau et il fila encore. Finalement l'iguane s'était assez fatigué pour qu'Oscar l'attrape par la queue. Il le posa sur un rocher. La fatigue le maintenait presque immobile. Maintenant nous pouvions rentrer dans l'eau.

Le problème, c'est que personne d'autre ne l'avait vu, et si nous étions descendus et avions juste sauté dans l'eau, nous aurions pu être mordus. Dès lors, je ne fis plus confiance à aucun bassin de cascade costaricienne. Oscar nous a assuré que les iguanes ne rentrent jamais dans l'eau sauf s'ils essayent d'échapper à un animal qui veut les manger comme un puma ou un jaguar, raison pour laquelle l'iguane nous aurait certainement mordu. C'était rassurant.

Néanmoins, j'étais impressionné par le nombre de fois où Oscar voyait des choses que nous ne voyions pas (toutes sortes de singes, d'oiseaux, de chauves-souris, d'araignées, de plantes et de fleurs) et qu'il nous montrait. Ses sens étaient à vifs dans cette jungle. Nous ne pouvions pas voir ce qu'il voyait. Il opérait à un niveau beaucoup plus élevé de conscience que nous et c'est pour ça qu'il voyait beaucoup plus. Parce qu'il voyait plus il pouvait agir sur base de ce qu'il voyait. Nous ne le pouvions pas.

Est-ce que cela signifie que nous n'avions pas les mêmes aptitudes? Non! Cela signifie que depuis notre perspective limitée, nous ne pouvions pas voir toutes les possibilités. Nous regardons toujours d'une perspective plus restreinte que ce qu'elle pourrait être. Bien que ce soit difficile à imaginer, peut-être que certaines personnes peuvent voir encore plus dans la jungle qu'Oscar. Les jaguars le peuvent certainement.

Les mécaniciens voient des choses dans les voitures que je ne verrai jamais. Quand il s'agit de voitures, ils fonctionnent à un niveau de conscience plus élevé. Oui, comme les gars de l'émission "Car Talk" à la Radio Publique Nationale montrent régulièrement, les meilleurs mécaniciens voient souvent des choses que les autres mécaniciens ne voient pas. Mais la plupart des mécaniciens n'entendent peut-être pas, par exemple, des variations subtiles d'une mélodie classique. Les musiciens ne voient peut-être pas les subtilités d'une peinture. Les artistes ne voient peut-être pas les subtilités de la science. Les scientifiques ne voient peut-être pas les subtilités que les guérisseurs voient. Les guérisseurs ne voient peut-être pas les subtilités dans la stratégie d'un match de basketball. Dans certains domaines chacun voit et fonctionne à un niveau de conscience assez élevé, mais dans d'autres peut-être pas. Dans certains cas le reste de leur vie peut être un désastre, avec un fonctionnement dans un niveau de conscience amoindri. Cependant dans n'importe quel domaine, tout le monde est capable de voir depuis une perspective plus élevée qu'il ne le fait maintenant.

Quand il s'agit de comprendre ou de réaliser le pouvoir de l'Esprit Universel dans nos vies nous sommes tous des amateurs. Depuis toujours même les gourous, swamis, chamanes et grands penseurs de ce monde n'ont entrevu qu'un tout petit aperçu en comparaison avec tout ce qui peut être su. Mais le petit aperçu qu'ils ont eu leur a permis de fonctionner à un niveau de conscience beaucoup plus élevé que la plupart d'entre nous. Des possibilités infinies foisonnent et nous attendent.

Quand nous avons un problème que nous ne pouvons pas résoudre, nous voyons à un niveau de conscience moins élevé que ce qu'il pourrait être. Nous en éprouvons la démonstration maintes et maintes fois parce que plus tard nous voyons souvent une solution que nous n'avions pas vue avant. Nous pouvons considérer un problème de notre passé, que nous ne pouvions pas résoudre à ce moment donné, et qui maintenant est résolu. Et nous nous disons: "Si seulement j'avais vu alors ce que je vois maintenant!" Eh bien, à ce moment-là nous ne pouvions pas voir plus. Nous étions limités par notre niveau de conscience, ce qui veut dire, le niveau de pensée que nous avions à ce moment-là. D'autres possibilités existaient à d'autres niveaux mais nous ne le savions pas parce que nous étions limités par notre niveau du moment.

Cette limitation est toujours une illusion. Il se peut que nous n'ayons pas été capables de voir l'illusion à ce moment-là. Nous ne savons pas quand nous le verrons. Cela pourrait se produire demain, cela pourrait arriver quand nous aurons 96 ans, cela peut arriver dans quelques instants. Nous n'en savons rien. Mais nous pouvons presque garantir que le problème sera différent à un autre moment. Le simple fait de savoir que nous ne sommes jamais bloqués apporte déjà du réconfort. Dès lors que nous reconnaissons qu'il existe d'autres niveaux de conscience, nous bougeons déjà vers un niveau plus élevé qu'auparavant, parce que cela nous apporte du réconfort.

Dans une interview dans le documentaire, *Ne regarde pas en arrière*, Bob Dylan dit quelque chose comme: "Regardez, nous allons tous mourir. Nous allons disparaître de la surface de la terre, et le monde va continuer sans nous. Vous décidez pour vous-même à quel point vous vous prenez au sérieux à la lumière de cela." Sagesse! Toutes les formes retournent à la poussière. Elles disparaissent. Avec le temps elles se désintègrent et ne sont plus. Dans un million d'années est-ce que les pyramides d'Égypte existeront encore? Deux millions? Peut-être pas, et elles sont probablement les structures les plus puissantes et durables faites par l'homme, présentes sur terre en ce moment. Cependant nous nous prenons trop au sérieux.

Maria est rentrée un jour en plein milieu d'une réunion d'un groupe ouvert sur les Trois Principes plus accablée que Gabriela ne l'avais jamais vue. Elle pleurait, sanglotait, gémissait encore et encore.

— Je sais que je vais mourir. Je ne peux pas vivre sans lui.

Elle hurlait et parlait sans arrêt à toute vitesse, hors d'elle, pendant quarante-cinq minutes. Elle parlait tellement vite que Gabriela ne pouvait pas en placer une, même pour l'interrompre. Elle venait d'apprendre que son mari avait une liaison.

Maria gémissait:

— Je suis malade. Je suis malade!

Maria en avait l'air. Elle ne prenait pas soin d'elle. Gabriela dit que les seins de Maria pendaient quasiment hors de sa blouse déchirée. Elle était en piteux état, à l'intérieur et à l'extérieur. Maria pleurait:

— Je suis malade parce que mon mari est alcoolique et qu'il est malade. Je suis malade et mes enfants sont malades mentalement parce que nous avons tous été très affecté. Je suis accro à mon mari. Sans lui je vais mourir. Ma fille de trois ans en souffre aussi.

Comment est-ce que je peux faire ça à mes enfants? Mais comment est-ce que je peux rester avec cet homme qui est malade? Je vais me tuer. C'est la seule issue.

Gabriela écoutait profondément. Elle avait de la peine pour elle. Elle attendait que Maria se calme.

Gabriela dit finalement:

— Bon, passons un accord. Je vais te dire quelque chose. Seras-tu disposée à me faire confiance, même si tu ne vois pas ce dont je parle?

Maria gémissait:

— Oui.

Gabriela parla avec elle de Santé Innée. Pendant qu'elle parlait Maria allait et venait, parfois présente, parfois pas. À chaque fois qu'elle partait Gabriela disait:

— Es-tu avec moi? Ça va?

— Ça va, je suis de nouveau prête.

Maria reprenait son attention, puis s'absentait. Le groupe termina pour la journée. Maria repartit. Gabriela ne savait pas si elle allait la revoir. Maria est revenue la semaine suivante, plus calme mais encore très perturbée. Elle dit:

— J'essaie de déménager.

Maria ne cessa de répéter:

— Mon esprit est malade. J'ai cette maladie. Mes enfants sont malades mentalement.

Cette fois Gabriela parla avec elle des Trois Principes, comment notre expérience est créée par notre propre pensée. Elle dit:

— Malgré ce que tu vis, ta Santé est là, et tu utilises les principes pour créer un sentiment de non-santé.

— Mais je suis malade. Je suis malade.

Gabriela a vu une ouverture. Elle a dit avec un sourire:

— Si tu me dis que tu es malade une fois de plus, tu vas me devoir un tamal.

Maria était surprise, puis elle a ri.

Gabriela a continué:

— Je veux que cette semaine tu sois attentive à ta Santé. Est-ce qu'on a un accord?

— Oui.

— À la prochaine fois.

Deux ou trois semaines s'écoulèrent avant que Maria ne revienne. Cette fois-ci elle paraissait moins perturbée. Elle ne disait plus "Je suis malade." Elle ne se sentait toujours dans un état fabuleux, mais c'était déjà un progrès.

Elle me dit:

— Je dois partir tôt parce que je dois aller chercher mon fils, mais je veux que tu saches que j'ai commencé à me découvrir, et je suis en train de tomber amoureuse de mes enfants.

Quelques semaines de plus s'écoulèrent avant qu'elle ne revienne pour une quatrième session. Elle avait l'air mieux. Elle portait une robe, des talons et du maquillage.

Elle dit:

— J'ai trouvé un nouvel appartement. J'ai éloigné mes enfants et moi de mon mari. Je sais qu'il fait de son mieux, mais il fallait que je parte. Il mérite d'avoir une belle vie, mais moi aussi. J'ai de la chance d'avoir mon travail, mes enfants et moi-même. J'ai regardé dans le miroir et j'ai vu que j'étais jolie. J'ai commencé à prendre soin de moi. Je commence à découvrir à quel point je suis belle.

Gabriela lui dit:

— Parfois quand il y a une situation problématique il faut juste attendre, rester calme et attendre que la sagesse te parle, sinon tu restes confuse.

— Oui, j'étais confuse. J'ai déprimé.

— Oui, il faut laisser le temps à ta sagesse de venir. Comme quand tu cuis du riz tu dois le laisser faire ce qu'il fait à son propre rythme. Si tu t'en mêles et que tu mélanges, ça ne crée qu'un gâchis parce que tu empêches le processus naturel de fonctionner.

Maria riait:

— À chaque fois que je commence à imaginer toutes ces choses horribles dans mon esprit je penserai au riz. Quand mon imagination s'en mêle c'est le grand gâchis.

Gabriela souriait.

Maria partit en disant:

— Je dois vraiment m'investir dans mon travail maintenant, alors je ne sais pas si je viendrai la semaine prochaine.

Mais deux semaines plus tard, elle revint, radieuse. Maria semblait être la personnification même du bien-être, tout le contraire du chaos et du désespoir qu'elle avait montré au début. Cette fois-ci elle a pratiquement donné le cours. Elle travaillait comme infirmière dans un centre de soins palliatifs et elle parlait de bien-être et de service aux autres. Elle dit:

— Ce que je fais c'est juste être présente avec la personne que je soigne. Je la soigne et je lui parle du cœur. Parfois je dis à Dieu: 'Cette personne ne peut plus être ici, il est temps de la reprendre.' et je lui dis qu'elle peut lâcher prise maintenant. Je lui dis que je l'aime, et puis elle meurt, et je remercie Dieu. J'aime tellement mes enfants maintenant, et je vois combien ils sont sains, intelligents et affectueux. Je leur dit, 'Vous êtes beaux! Tout va bien se passer pour vous.' J'ai même perdu du poids. J'admire mon visage, et je tombe amoureuse de moi-même. Je conduis ma voiture, j'ai mon travail. Tout va bien se passer pour moi. Parfois je suis de mauvaise humeur, mais ça ne fait rien.

Quelqu'un Aurait Dû Nous Le Dire!

Dans cette classe, Maria est devenue enseignante et elle a fait pleurer tout le monde.

Gabriela a été témoin de cette transformation sous ses yeux. C'était la même femme qui était convaincue qu'elle et ses enfants étaient marqués à jamais et maudits par une maladie. Puis Maria a entendu quelque chose sur la Santé Innée et les Trois Principes, et elle a gagné confiance en la vie. Pour Gabriela c'était un miracle. Personne n'aurait pu le prédire. Cela veut bien dire qu'il y a de l'espoir pour tout le monde.

Aucun d'entre nous ne sait jamais combien de temps cela va prendre à une personne pour changer, ni quand cela va se produire. Quand nous voyons le désespoir complet et la dépression, quelqu'un qui est submergé par les problèmes, ou des personnes qui commettent des actes horribles, nous ne sommes souvent pas conscients de la possibilité de voir les choses différemment, de vivre un changement intérieur. Nous réduisons souvent les gens à ce que nous en voyons. Nous abandonnons les gens, nous faisons une croix sur eux, ce qui peut limiter leur croissance. Mais n'importe qui peut changer.

Gabriela demanda à Maria:

— Comment as-tu changé si rapidement? Comment as-tu fait cela?

Maria sourit:

— Je ne voulais pas perdre le tamal.

Gabriela rit.

Maria continua:

— Non, pas vraiment. Quand j'ai passé l'accord avec toi de voir ma Santé au lieu de ma maladie, ça a été vraiment très utile.

Même quand nous nous sentons maudits, nous ne le sommes pas. C'est juste une création de l'esprit.

Petit saut en arrière dans le temps. La mère de Gabriela est morte alcoolique. Pendant dix ans elle a essayé de convaincre sa mère de poser la bouteille, de se faire aider, de faire quoi que ce soit pour l'aider à se libérer. Sa mère n'a pas écouté, non pas parce qu'elle ne le voulait pas. Elle le voulait désespérément. Elle pensait être une très mauvaise mère à cause de ça. C'était injuste pour sa fille, qu'elle aimait tant. Mais elle ne pouvait pas se libérer de l'emprise de l'alcool.

Pendant de nombreuses années Gabriela a vécu avec cette frustration. Elle a regardé l'état de sa mère se détériorer devant ses yeux. Elle l'aimait profondément, mais chaque interaction devenait plus tendue. Gabriela essayait de faire réagir sa mère, mais sa mère ne bougeait pas. Ça lui faisait du mal d'être en présence de sa propre mère! Mais aucun de ses conseils ne marchait. Elle ne voulait même plus lui rendre visite à cause de la frustration et de la douleur que ça générait. Elle s'en sentait terriblement coupable.

Gabriela se sentait bloquée, jusqu'au jour où elle réalisa tout ça. Si tout ce qu'elle faisait pour essayer de changer sa mère était inutile, si elle ne voulait plus subir la frustration de cette relation difficile, si elle aimait sa mère profondément et voulait retrouver la relation d'amour qu'elles avaient toujours eue, est-ce que cela n'aurait pas de sens que cette relation exprime cet amour? Gabriela conclut que la seule façon d'y arriver consistait à arrêter de vouloir changer sa mère, et à lui montrer l'amour qu'elle ressentait pour elle.

Quand elle vit sa mère la fois suivante, Gabriela lui dit:

— Je me rends compte que pendant toutes ces années j'ai essayé de te changer, de te faire aller mieux. Cela a créé un grand fossé entre nous. Je veux que tu saches que je ne vais plus faire cela. Je veux que tu saches que quoi que tu fasses je t'aimerai toujours, et à partir de maintenant quand je suis avec toi je veux juste passer un bon moment avec toi.

Sa mère en fut tellement reconnaissante. Elle aimait énormément sa fille. Elle se sentait terriblement coupable et faible. À partir de ce moment Gabriela et sa mère ont retrouvé une merveilleuse relation. Tout s'était débloqué. Gabriela n'a jamais su si elle avait bien fait, mais rien de ce qu'elle avait essayé auparavant n'avait marché, et elle a pu avoir trois belles années ponctuées de visites à sa mère jusqu'à ce qu'elle ne meure finalement d'alcoolisme.

Gabriela savait seulement que cela lui semblait juste.

Que savons-nous de pourquoi nous sommes ici? Quel est notre but dans la vie? Et si les situations sur lesquelles nous nous sentons bloqués étaient faites pour nous apprendre des choses? Et si nous étions confrontés à tout cela pour bouger vers un nouveau niveau de compréhension dans la vie? Nous ne savons pas vraiment si c'est vrai, mais cette possibilité existe. Si nous voyons les choses de cette façon, nous serions moins découragés ou anxieux à propos des choses que nous vivons. Au lieu de cela nous serions curieux et ouverts à ce que nous ne voyons pas encore. Qui décide de quelle façon nous voyons les choses?

Bouger vers des niveaux de conscience de plus en plus élevés ressemble à l'escalade d'une grande tour. Plus haut nous allons, plus nous voyons. Aux niveaux les moins élevés nous ne voyons que ce qui se trouve dans notre entourage immédiat. Aux niveaux les plus élevés nous voyons tout le panorama. En-dessous nous avons une perspective limitée. En haut nous avons une meilleure perspective, nous voyons un chemin au-delà de l'impasse. Nous nous sentons coincés aux plus bas niveaux seulement parce qu'à ce moment donné, nous ne savons pas ce que l'on peut voir d'en haut. Aux niveaux plus élevés nous regardons vers nos «nous» plus bas et voyons à quel point nous étions à côté de la plaque. Aux niveaux les plus bas nous ne savons pas ce qu'il y a en haut parce que nous ne pouvons pas voir à quoi ressemblent les choses vues de là-haut. Mais nous pouvons savoir avec certitude qu'il y a quelque chose de meilleur pour nous, même si nous ne pouvons pas encore le voir.

Nous pourrions perdre notre emploi et paniquer, et puis trouver une autre, une meilleure opportunité que nous aurions ratée si nous étions restés dans notre ancien poste. Quand nous sommes en retard pour un rendez-vous nous pourrions maudire le conducteur devant nous qui conduit comme un escargot, et puis passer devant un policier qui attendait derrière le coin avec un radar. Nous ne connaissons jamais le futur! À des niveaux plus élevés il y a toujours de nouveaux espoirs. Si nous savions cela nous ne nous sentirions plus jamais bloqués.

Un hiver à l'université ma fille Jaime se dépêchait sur le campus. Elle a glissé sur la glace et est tombée dans des escaliers en béton, en atterrissant très fort sur son coccyx. Cela faisait effroyablement mal et elle ne pouvait presque pas bouger. On l'a emmenée à l'infirmerie et elle s'est retrouvée aux urgences. Elle avait plein de choses à faire, et d'un coup elle ne pouvait plus rien faire. Elle était couchée avec de grandes douleurs, se plaignant de son sort. Pendant qu'elle était là, un docteur remarqua un gonflement dans son cou, qui n'avait aucun lien avec sa chute. Apparemment elle avait un énorme abcès infecté à une de ses dents, ce qu'elle ignorait. Le docteur a dit que si ça n'avait pas été découvert ce jour-là l'abcès aurait éclaté et l'infection serait remontée à son cerveau. Si elle n'était pas tombée dans les escaliers elle aurait pu perdre la vie, ou en tout cas une bonne part de sa qualité de vie.

Ce qui semble être une horreur sur le moment peut presque passer pour une bénédiction un moment après. Nous ne savons jamais!

Si l'Esprit est toute choses, tout ce que nous voyons sur la terre et au-delà fait partie de l'Un. Cependant nous pensons être coincés avec nos propres petites pensées. Ne nous semble-t-il pas que quelque chose de plus grand que nous existe, une force mystérieuse dans l'univers que nous ne pouvons pas voir? Certaines personnes appellent cela une puissance supérieure, certaines personnes l'appellent le Créateur, le Grand Esprit, certains l'appellent Maître Penseur, certains l'appellent énergie pure, force de vie, certains l'appellent Dieu. Les gens l'appellent de toutes sortes de noms. Le nom n'a aucune importance. Ce qui est important, c'est de *savoir que peu importe jusqu'à quel point les choses semblent aller mal, car nous faisons tous partie de cette essence Pure et Unique, on ne peut tomber nulle part.* Nous ne sommes qu'une toute petite partie de cette essence. Nous ne pouvons pas être séparés de l'Un, c'est impossible! Il nous *semble* uniquement que nous en soyons séparés, mais cette séparation n'est qu'une illusion.

Je vis certainement la plupart du temps sans me rendre compte que je fais partie de l'Unité de l'Esprit, puis cette vérité perce par moments. Pendant les moments où je pense que j'en suis séparé, j'ai vraiment l'impression de l'être et je deviens soucieux. Mais ce n'est que ma propre illusion de peur que j'ai créée moi-même. C'est la dualité de la vie. Nous ne pouvons que *penser* la séparation, nous ne pouvons pas *être* séparés. Nous voyons la séparation seulement par ce que nous pensons être séparés. Même si nous ne pensons pas activement et consciemment ces pensées c'est ce que nous voyons. Mais réaliser le Tout, voir le plus grand, voir l'Unité, c'est savoir que toutes les absurdités que nous pensons et vivons sont pathétiques en comparaison avec ça. Dans le grand ordre des choses il n'y a rien à craindre. Il nous faut uniquement avoir confiance.

Mais comment pouvons-nous avoir confiance quand nous n'avons pas la foi? Comment pouvons-nous avoir confiance quand nous ne croyons même pas que Ça existe? Je n'ai pas de réponse. Tout ce que je peux dire, c'est que la réponse est probablement sous nos yeux, mais nous sommes trop occupés à rejeter les moments où nous nous connectons avec cette essence comme s'il ne s'agissait que d'erreurs de notre perception. Nous rejetons ces moments comme irréels.

A deux ou trois occasions dans ma vie, comme venues de nulle part, je me souviens avoir *vu* tout en ordre parfait. En un seul coup tout semblait cohérent, même les feuilles automnales éparpillées de façon qui semble aléatoire sur l'herbe, même les déchets qui semblent être jetés sans but. Dans ces moments j'ai *vu* la perfection absolue; j'ai vu un ordre dans le tout. Ceci m'a paru immense. J'en ai été très fortement touché, puis c'était parti. Je ne pouvais plus voir ce que j'avais vu quelques moments auparavant, même en me forçant. J'aurais pu rejeter cela comme un hasard, l'attribuer à mon esprit qui me jouait des tours. De nombreuses personnes le font. Mais je ne l'ai pas fait parce que j'ai *vu* quelque chose que j'ai reconnu comme la *Vérité*. Je ne pouvais même pas me poser la question de savoir c'était vrai. Je *Savais*.

Et vous savez quoi: même si j'ai tort, savoir cela m'a fait me sentir mieux. Ça m'a apporté du réconfort de savoir cela. Cela me suffit.

213

Si nous n'avons pas confiance c'est facile de rester anxieux. Nous pourrions au moins en faire le pari: avoir simplement confiance et voir si tout s'arrange à la fin. J'ai appris cela de ma fille, Jaime.

Du Dr George Pransky j'ai appris qu'être confiant ne veut pas dire que quelque chose va se terminer comme nous le voulons. Être confiant signifie que *tout ira bien pour nous indépendamment de comment ça se termine.* Souvent j'oublie à quel point c'est vrai. J'oublie que tout est un ordre parfait. J'oublie que tout est un parfait déroulement, quoi qu'il se passe. Mais de temps en temps je m'en souviens, et quand je m'en souviens je ressens un grand réconfort. Je ressens la profonde richesse de la vie. Parce que je sais qu'être "coincé" est une illusion. *Nous ne sommes coincés qu'autant que nous pensons l'être, ni plus ni moins.* C'est une affirmation époustouflante, du moins pour moi.

Une formation professionnelle type-long sur les Trois Principes avait énormément aidé Magin dans sa vie et dans son travail. Cependant, un jour elle m'a raconté à quel point c'était douloureux pour elle d'avoir à nettoyer sa maison. Elle vivait avec son vieux père infirme et s'occupait de lui. Depuis presque toute sa vie elle détestait le ménage et voyait cela comme une énorme corvée. Donc quand elle devait le faire, elle le faisait en ronchonnant et avec un moral dans les chaussettes. Pendant que je l'écoutais il m'est venu à l'esprit que la vie n'est rien d'autre qu'une série de moments, des moments enfilés ensemble comme un collier de perles. Le moment apparaît, puis il s'efface, et un nouveau moment apparaît. Nous pouvons faire de chaque moment ce que nous voulons. Un moment de ménage peut être un moment de joie ou de peine. Nous pourrions être enchantés à l'idée de rendre quelque chose propre. Nous pourrions l'utiliser comme moment de méditation. Qui décide? Nous le décidons, en nous fondant sur la manière que nous avons eue d'inventer cette histoire pour nous-mêmes. Cela peut arriver de la même façon pour un moment de ménage ou pour n'importe quel autre moment.

Chaque moment dans la vie est aussi beau que nous le voyons, et la façon dont nous le voyons peut toujours changer. Nous pensons être bloqués, puis nous avons une nouvelle pensée, puis ce que nous voyions comme insupportable, ou un problème ou une voie sans issue, paraît soudainement différent.

Nos vies sont vécues dans nos têtes.

Toute la vie est un continuel changement de pensée, un courant de pensées qui passe continûment, et change, change et change encore. Cela ne paraît statique que dans l'instant, avant que nous ne nous rendions compte que ça a changé à nouveau. Ça, c'est l'autre secret pour ne jamais être bloqué: *Savoir que notre pensée va changer et avec cela notre expérience va changer.* Une des choses les plus importantes que nous pouvons savoir sur la vie c'est que ça ne vient jamais de là-bas à l'extérieur de nous. Ça vient toujours de nous, nous, et encore de nous!

Nous allons toujours l'oublier. Il n'y a pas une âme sur terre qui ne se sente pas coincée de temps en temps. Je ne connais personne qui soit suffisamment doué pour rester dans l'instant présent tout le temps. Tout le monde a des baisses de moral de temps en temps. Tout le monde se laisse piéger par ses habitudes de pensée. Cela semble être l'essence de la condition humaine. Par moment tout le monde pense qu'il n'y a pas d'issue.

Quelqu'un Aurait Dû Nous Le Dire!

Parfois nous sommes coincés dans des doubles contraintes* et où que nous nous tournions, il y a toujours un problème. Notre protection réside dans le fait de comprendre comment la vie fonctionne, sachant que nous ne sommes limités que par ce que nous pouvons voir maintenant. Nous ne devons pas croire qu'il n'y a pas d'issue possible. L'Unité ne se préoccupe pas de savoir si nous croyons ou pas. Qu'on le croie ou pas nous faisons partie de l'Essence. Nous ne pouvons rien y faire, sauf l'oublier. Et si nous l'oublions un moment, ce n'est pas très grave.

---

*La double contrainte exprime deux contraintes qui s'opposent: l'obligation de chacune contenant une interdiction de l'autre, ce qui rend la situation a priori insoluble.

L'histoire de Teresa

Teresa a suivi une formation de quarante-cinq heures "L'approche des Trois Principes et ses Applications en Milieu Scolaire" que j'enseignais pendant l'année pour le personnel à l'École Primaire Thatcher Brook au Vermont. Voici le rapport final qu'elle m'a remis. Je lui ai demandé de pouvoir l'utiliser pour ce livre.

Quand j'ai commencé ce cours, je pensais que je suivrais une formation qui "m'apprendrait" à être saine. Pendant des semaines, presque des mois après le début de la formation je continuais à penser que Jack pouvait m'apprendre à me comporter de façon saine. Puis presqu'en un instant, cet "enseignement" s'est intériorisé. Je l'ai ressenti dans mon cœur, dans mon âme, dans mon esprit. J'ai trouvé la "GRÂCE." Le dictionnaire donne une définition: don que Dieu accorde aux hommes pour leur salut. Ceci est la définition à laquelle je choisis de me rapporter. Rétrospectivement, quand je considère ma vie, j'ai eu beaucoup de petites prises de conscience et j'ai eu de nombreuses expériences qui m'ont changé. Cependant, ce n'est qu'au cours des sept derniers mois, pendant que j'assistais à cette formation et que j'ai participé à un groupe d'étude hebdomadaire sur la bible, que j'ai eu une vue d'ensemble.

Je suis née d'un père alcoolique et d'une mère très jeune et triste. À peine quelques semaines après la naissance de mon petit frère, ma mère a trouvé mon père avec un autre homme. À un an et demi, moi, mon petit frère nourrisson et ma mère avons déménagé très loin et n'avons eu aucun contact avec mon père

217

biologique pendant de très nombreuses années. Peu après, ma mère a rencontré un autre alcoolique qui avait quatre enfants d'un mariage précédant. Comme vous pouvez l'imaginer, de nombreuses choses horribles se sont passées, y compris l'abus physique, émotionnel et sexuel.

A quinze ans, après avoir confronté ma mère avec la nouvelle de l'abus sexuel dont elle n'était pas au courant ou qu'elle avait choisi de ne pas remarquer, j'ai décidé de quitter la maison familiale et de vivre avec des amis jusqu'à ce que je termine mes études secondaires. J'avais de très bons résultats à l'école, malgré des circonstances peu enviables. Quelque chose me permettait de continuer. Quelque chose venant de l'intérieur, d'un endroit que je ne pouvais pas décrire. J'avais des espoirs, des rêves et je sentais que rien n'allait m'arrêter.

Je n'ai envoyé mon dossier qu'à une université: Trinity College, un petit établissement uniquement pour les filles, à Burlington, Vermont. Je voulais travailler avec les enfants et les familles, c'était certain! Pourquoi? En regardant en arrière, je sais pourquoi! Tout cela fait surement partie de mon destin.

Très tôt, j'ai commencé à me questionner sur le sens de ma vie. J'avais des séances d'apitoiement sur mon sort "pourquoi moi?". J'ai commencé à me laisser aller à l'alcool, le sexe, le shopping, etc.

Puis, à 19 ans, je me suis mariée. À 20 ans j'ai eu mon premier enfant. Tout en terminant ma formation, en travaillant et élevant mon bébé, j'ai donné naissance à mon deuxième enfant, toujours avec mes espoirs et mes rêves ambitieux. Je serais enseignante! Quelque chose me poussait de l'intérieur! À 22 ans j'ai terminé l'université, prête à conquérir le monde. Ce que je n'avais pas remarqué c'est que je l'avais déjà fait.

À 24 ans j'ai eu mon troisième et dernier bébé, Trevor. À trois mois il est mort de la mort subite du nourrisson. Quelque chose m'a aidée à travers cette période difficile. J'aurais pu choisir de sombrer dans une dépression (sans savoir que c'était un choix), de prendre des médicaments pour gérer la culpabilité. Qu'est-ce que j'avais fait de mal? Selon certaines études, il était habillé trop chaudement. Il était couché sur son ventre. Il avait trop de couvertures, etc. Mais, quelque chose (moi) a lâché prise. J'ai pris ma tristesse et j'ai créé des opportunités pour partager mes connaissances avec les autres.

Nous avons organisé des lavages des voitures pendant 5 ans après sa mort, pour collecter des fonds pour l'institut de la mort subite du nourrisson et pour augmenter la vigilance de la communauté. Cependant, ce n'était pas sans de nombreuses difficultés.

Pendant ces cinq années j'ai changé de job souvent, j'étais très proche du divorce, j'ai eu une faillite, et j'étais une mère très grognonne pour mes enfants. La culpabilité, la honte, la tristesse, la colère, les reproches, la jalousie, la haine, l'avarice, la rancune troublaient ma vie. Puis j'ai été invitée à l'église par une amie. J'ai pensé, pourquoi pas? Peut-être que tout ça peut m'aider. C'était il y a deux ans. J'ai commencé à apprendre que la vie ne tournait pas juste autour de moi. De mauvaises choses arrivent aux bonnes personnes. C'est ce que nous faisons quand elles arrivent qui définit où nous sommes et où nous irons, sachant que chaque jour, chaque minute, chaque seconde est un nouveau début, quoi qu'il se soit passé dans nos vies, et peu importe les choix que nous ayons fait.

Puis, une année et demie après avoir cherché une relation avec Dieu, j'ai commencé à suivre ce cours. C'est à ce moment-là que tout s'est éclairé pour moi. Je suis la seule personne qui contrôle comment je me sens. Je choisis de me sentir heureuse, triste, fâchée, coupable, etc. Et c'est moi qui contrôle ces émotions. C'est tellement simple. Les choses qui sont arrivées dans ma vie sont arrivées. Je ne peux pas changer ces choses. Elles sont mon passé. Je peux les accepter ou si je le choisis, je peux me battre avec elles dans ma tête et en devenir folle. Je pourrais croire que les gens veulent me blesser, me ruiner, que je suis censée être triste, déprimée, je mérite ceci, etc. Mais je ne le ferai pas! Ce qui me mène à mon prochain point: La Prière de la Sérénité.

Dieu, aidez-moi à accepter les choses que je ne peux changer,
Le courage de changer les choses que je peux,
Et la *sagesse* d'en connaître la différence.

Depuis cette formation j'ai permis à ma sagesse de me laisser vraiment accepter les choses que je ne peux pas changer ce qui signifie pardonner à ma mère, à mon beau-père, à mon père, à mon mari, à mes enfants, à mes amis, à ma famille, à mes collègues, pour les choses que je pensais qu'ils faisaient pour me blesser. Maintenant je réalise qu'ils les faisaient parce qu'ils n'étaient pas dans leur santé. Je réalise que ces choses qui se sont passées dans ma vie ne peuvent me blesser ou me déranger que si je choisis de le leur permettre. Parfois je choisis de laisser le comportement des autres me déranger. Cependant, je vois le pouvoir que mon pardon et mon amour inconditionnel peuvent apporter aux autres.

Je crois que la vie est plus grande que chacun de nous. Je crois que nous avons tous un but. Je crois que notre sagesse va nous aider à trouver ce but. Je crois que nous devrions pardonner à nous-mêmes et pardonner aux autres comme Dieu est disposé à nous pardonner. Je crois que nous devons nous efforcer de respecter la règle d'or, "Traite les autres comme tu voudrais être traité". Je crois que si nous pouvons faire ces choses, nous pouvons vivre la vie comme Dieu l'a voulu, et dans mon esprit ceci est le message des "Trois Principes". Nous ne sommes pas parfaits, nous ne nous comportons pas toujours de la façon la plus saine, mais si nous pardonnons à nous-mêmes et pardonnons aux autres nous verrons toujours notre Santé! Amen!

Merci Jack pour m'avoir aidée à voir ma santé et comprendre "qui" m'a donné cette sagesse.

11

Synthèse De Tous Les Éléments

Un jour pendant que j'étais sur la route j'ai appris qu'une femme nommée Margaret de Pittsburgh, que je ne connaissais pas, avait émis un appel désespéré vers moi. Apparemment elle avait été renseignée par une amie de sa fille qui avait eu des problèmes similaires mais avait été aidée de façon inestimable par un praticien des Trois Principes au Minnesota, donc elle pensait que je pourrais l'aider aussi. Elle a dit:

— Je suis désespérée.

J'ai demandé quel était son problème.

Elle raconta qu'elle était horriblement déprimée et avait récemment quitté une institution psychiatrique où elle s'était faite admettre elle-même après avoir été suicidaire et maintenant elle prenait ce qui lui semblait être un bon dosage de médicaments mais elle arrivait à peine à tenir le coup en particulier quand elle allait rendre visite à sa mère qu'elle visitait tous les deux jours parce que sa mère la torturait étant enfant et elle voulait désespérément être libre de médicaments comme l'amie de sa fille l'était maintenant et vivre une vie normale. Oooh! Je ne pense pas qu'elle ait pris une seule respiration.

Je lui ai dit mon tarif mais que je ne savais pas si je pouvais l'aider.

Quelqu'un Aurait Dû Nous Le Dire!

Elle dit:

— Malheureusement, je ne pourrais jamais me payer ça; je vis d'indemnités d'invalidité.

Elle semblait *absolument* déprimée.

Je lui ai dit:

— Ok, regardez, je ne crois pas que qui que ce soit devrait se voir refuser de l'aide à cause de l'argent, donc je suis disposé à vous parler maintenant gratuitement, une seule fois, si vous me donnez cinq minutes et puis vous me rappelez.

Elle dit que ce serait magnifique.

J'ai arrêté ce que je faisais, j'ai pris une grande respiration, je me suis concentré et elle a appelé. Elle a commencé par me raconter une histoire absolument tragique sur son passé. Elle était convaincue que sa mère l'avait toujours haïe. En fait sa mère lui avait dit cela de nombreuses fois. Maintenant sa mère avait 85 ans, Margaret en avait 60, et Margaret continuait d'aller là-bas pour s'occuper de sa mère qui apparemment continuait de la torturer. Margaret avait une très mauvaise estime d'elle-même.

Je l'ai interrompue. J'ai eu un flash que si je n'allais lui parler qu'une seule fois je devais lui apprendre les Trois Principes et laisser les choses retomber comme elles le pourraient.

— Attendez une seconde Margaret, est-ce que vous dites que vous pensez que votre mère et ce qu'elle vous a fait dans le passé sont la raison pour laquelle vous vous sentez déprimée aujourd'hui?

— Oui.

— Et c'est la raison pour laquelle vous vous êtes sentie suicidaire et la raison pour laquelle vous vous êtes faite admettre dans une institution psychiatrique?

— Oui. Et mon père aussi. Il me traitait mal aussi. Ils se disputaient horriblement tout le temps.

— Eh bien, je peux comprendre pourquoi vous pensez cela, à cause de la façon dont vous avez été traitée en grandissant et comment votre mère vous traite aujourd'hui, mais la chose que vous devez vraiment comprendre, c'est que ce n'est pas vrai.

— [stoppée dans son élan] Qu'est-ce que vous voulez dire?

— Je veux dire que penser cela, c'est abandonner tout votre pouvoir.

— Je suis convaincue que tout ce qui m'est arrivé est la cause de tous mes problèmes actuels.

— Je sais, et tant que vous pensez cela vous y êtes condamnée.

— Je suis allée chez de nombreux psychothérapeutes et psychiatres, et ils pensent la même chose.

— Et tout ce que vous avez pensé et tout ce qu'ils ont pensé vous a mené ou vous êtes aujourd'hui.

— [silencieuse] Je suppose que oui. Mais je ne comprends pas ce que vous dites.

— D'accord, regardez, ce que je fais c'est aider les gens à comprendre d'où vient leur expérience de la vie et comment ils fonctionnent comme humains, et cela semble aider beaucoup de personnes. Est-ce que vous seriez intéressée par cela?

— Si vous pensez que cela va m'aider, oui.

— Mais je veux vous prévenir que je ne peux pas vous garantir que cette session isolée va vous aider. En particulier, je ne suis pas en train de dire que vous allez arrêter de prendre les médicaments. Je ne vous conseille même pas d'essayer d'arrêter les médicaments. Si un jour vous êtes prête à faire cela vous saurez quand le moment sera venu parce que votre corps va commencer à se sentir prêt. Est-ce que vous voulez encore continuer?

— Oui.

— D'accord, la première chose que je veux que vous fassiez, maintenant, c'est d'arrêter de penser à tous vos problèmes et au passé. Je veux que vous vidiez votre esprit. Je veux que vous ayez l'esprit dégagé quand vous écoutez ceci d'accord? Je veux que vous ressentissiez le sentiment de ce que je vais dire et que vous l'assimiliez sans trop penser aux mots. Remarquez juste le sentiment d'accord?

— D'accord.

— Je vais parler des Trois Principes, et quand je dis "Principe" je ne parle pas d'une théorie, mais je veux dire "Principe" comme une force dans l'univers qui existe qu'on en connaisse l'existence ou pas. C'est un peu comme le fait que la pesanteur existe dans le monde physique. Avant que les gens ne sachent que la pesanteur existe ils étaient quand même attachés sur la terre. Donc c'est de ce genre de principes que je parle. Je dis que, tout comme la pesanteur est un principe du monde physique, il y a trois Principes pour le monde psycho-spirituel. Est-ce vous me suivez?

— Oui.

— D'abord laissez-moi vous poser une question, d'accord?

— Bien sûr.

— Vous m'avez dit que vous vous sentiez différemment maintenant comparé au moment où vous étiez suicidaire, et différemment du moment où vous vous êtes fait admettre en hôpital psychiatrique, c'est correct? Pourquoi pensez-vous que cela soit le cas?

— [Elle réfléchit un moment.] Peut-être que c'est parce que je ne suis plus aussi dépendante de ma mère qu'avant.

— Je pensais que vous aviez dit que vous la voyiez un jour sur deux et qu'elle continue à vous torturer.

— Oui, c'est vrai, elle le fait. Mais avant c'était à chaque instant, et maintenant ce n'est plus aussi constant. [Elle s'arrête un instant.] Ah bien, je suppose que peut-être c'est parce que je prends les médicaments.

— Donc qu'est-ce qui est différent maintenant que vous prenez les médicaments?

— [Elle commençait à rentrer dans une longue histoire sur la différence de comportement de sa mère maintenant, mais je l'ai interrompue.]

— Margaret, je veux dire en général, pas dans les détails.

— Je suppose que je ne sais pas.

— Diriez-vous que votre façon de penser est différente que quand vous étiez suicidaire?

— Oui.

— Et cela vous donne un sentiment différent?

— Oui.

— Et quand vous voyez votre mère est-ce que vous repartez toujours avec les mêmes sentiments?

— Eh bien, non, parfois ces jours-ci elle me dit qu'elle apprécie quelque chose que j'ai fait. Donc quand elle fait cela je me sens assez bien. Mais après elle m'écrase de nouveau.

— Néanmoins, parfois vous avez un sentiment différent de celui que vous avez d'habitude.

— Oui.

— Qu'est-ce qui a changé? Je ne veux pas dire dans ce que fait votre mère. Je veux dire en vous.

— Je suppose que parfois ce n'est pas autant dans mon esprit que d'autres fois.

— Exactement! Et est-ce que vous diriez que ce que vous avez à l'esprit est différent quand vous vous sentez suicidaire, en comparaison avec comment vous vous sentez maintenant?

— Oui.

— Ce sont les deux premiers Principes.

— Quoi?

— D'abord, que nous sommes bénis par ce don incroyable. Nous avons ce formidable pouvoir de création. Nous pouvons créer chaque pensée que nous voulons. Nous créons même des pensées que nous ne pensons pas vouloir, mais nous les créons quand même. Dieu seul sait d'où viennent certaines de ces pensées, mais une chose est certaine, elles viennent de nous. Nous les pensons. Est-ce que vous êtes encore avec moi jusque-là?

— Oui.

— Et vous m'avez dit que vos sentiments sont différents, oui? Ça c'est le deuxième Principe. À côté de l'incroyable pouvoir de la Pensée, nous avons aussi été bénis par l'incroyable don de la Conscience. Sans la conscience nous n'aurions aucune expérience de la vie. La Conscience est notre capacité à avoir une expérience de la vie. Si nous n'étions pas conscients nous n'aurions aucune expérience, n'est-ce pas?

— C'est vrai.

— Maintenant écoutez cela: *À chaque fois que nous pensons une pensée cela revient vers nous comme une expérience.* Quand vous êtes avec votre mère, qu'est-ce que vous pensez d'habitude?

— Qu'elle rend ma vie malheureuse.

— Et comment est-ce que vous vous sentez à ce moment?

— Malheureuse et déprimée.

— C'est exactement ce que je veux dire.

— Mais elle me rend vraiment malheureuse!

— Elle fait ce qu'elle fait. Elle vous dit ce qu'elle vous dit. Puis vous utilisez votre pouvoir créatif de la Pensée et vous *pensez* que ce qu'elle fait vous affecte et vous rend malheureuse. Donc là vous avez une expérience de misère. Un sentiment de misère et de dépression.

— Eh bien, comment est-ce que je suis censée me sentir?

— Je ne dis pas que vous devriez ressentir une chose ou une autre. Je dis juste que quoi que vous pensiez de ce qu'elle vous fait, c'est ça que vous ressentez.

— Je suis un peu perdue. Son comportement envers moi est misérable et méchant. Êtes-vous en train de dire que ce n'est pas le cas?

— Je dis que c'est juste un comportement. Si vous pensez que c'est misérable et méchant, alors ça l'est. Pour vous. Alors vous avez une expérience de cela, sous la forme d'un sentiment. Je dis que personne ne peut vous rendre malheureuse, sauf vous! Si vous ne produisiez pas de pensées malheureuses quand vous pensez à elle et à ce qu'elle fait, vous ne vous sentiriez pas malheureuse. Je veux dire, si, par exemple, vous aviez de la peine pour elle d'avoir vécu une vie tellement malheureuse au point qu'elle pense devoir se venger sur vous, alors vous auriez une autre expérience. Vous ne seriez pas malheureuse, vous ressentiriez quelque chose d'autre, comme de la compassion.

— J'ai ressenti cela parfois. Mais c'est rare.

— Mais c'est arrivé! Si c'est arrivé même une seule fois, c'est arrivé, et vous aviez un sentiment différent parce que vous aviez des pensées différentes. Ce dont je parle ici, Margaret, c'est de votre liberté. Vous lui avez donné tout votre pouvoir, depuis votre plus jeune âge, et vous le faites encore. Je veux dire, qui est-ce qui choisit d'aller chez elle et de la voir et d'accepter les insultes?

— [penaud] Moi.

— C'est votre propre pensée. Vous vous offrez vous-même à elle sur un plateau doré et dites: "Voici, rend moi malheureuse." Et elle le fait. Puis vous pensez: "Voilà, elle fait toujours ça. Je ne peux pas y échapper." Puis vous vous sentez malheureuse. C'est infaillible!

— Oh mon Dieu!

— Quoi?

— Est-ce que j'ai vraiment fait cela, toutes ces années? C'est presque trop à supporter.

— C'est ce que vous avez fait. Mais vous n'êtes pas la seule. La plupart d'entre nous pensons être affecté par le monde extérieur. Et, ce n'est pas de votre faute. C'est ce que vous voyiez. Vous ne pouviez rien y faire. Vous ne pouviez pas voir plus que ce que vous pouviez voir. Et, est-ce que vous voulez savoir quelque chose d'autre?

— Quoi?

— Votre mère non plus. Elle pouvait juste voir ce qu'elle pouvait voir. Ses pensées l'ont amenée à vous voir d'une certaine façon, donc de se sentir d'une certaine façon, donc d'agir envers vous d'une certaine façon. Comme vous, elle faisait du mieux qu'elle pouvait, étant donné la façon dont elle voyait les choses.

— Ooooh. Je suis en peu bouleversée. Je ne sais pas quoi penser là tout de suite.

— Vous ne devez pas savoir. C'est bien de ne pas savoir. Cela veut dire que tout est possible. N'oubliez pas, si vous regardez votre pensée de plus près, vous voyez qu'elle change, et avec ça votre expérience change. Vous m'avez dit que vous ne vous êtes pas toujours sentie comme ça. C'est parce que votre pensée a changé. Notre pensée change constamment, et avec chaque nouvelle pensée nous avons une nouvelle expérience. Comme maintenant, vous êtes abasourdie. Je suppose que vous n'êtes pas malheureuse en ce moment, non?

— Non, pas en ce moment.

— Mais vous l'étiez quand vous m'avez appelé. Vous voyez? Pensées différentes, expériences différentes, sentiments différents. Est-ce que cela ne vous fait pas vous demander à quel point nous devrions prendre au sérieux n'importe quelle expérience que nous avons à un moment donné? Quand une nouvelle pensée surgit, l'expérience change. Nous ne sommes peut-être pas capable de forcer une nouvelle pensée à surgir et à changer notre expérience tout de suite, mais finalement une pensée différente nous viendra, c'est garanti. Si nous savons qu'une pensée différente viendra et nous donnera une expérience différente, pourquoi est-ce qu'on voudrait se rattacher à n'importe quelle mauvaise expérience et en faire notre vie?

— [Elle soupire presque.] Donc je suis supposée changer mes pensées?

— Eh bien, non, attendez une minute. Avez-vous le contrôle sur le genre de pensées que vous pensez?

— Dites-vous que je devrais?

— Non. Nous avons déjà dit que nous ne faisons pas un effort particulier pour penser la plupart des pensées qui nous viennent à l'esprit. Nous n'avons pas de contrôle sur la plupart de ces choses. Nous n'avons le contrôle que sur une chose.

— Et qu'est-ce que c'est?

— Comment nous comprenons ce qui nous vient à l'esprit. À quel point nous prenons la pensée au sérieux. À quel point nous la laissons nous affecter. Qu'on la prenne à cœur ou qu'on la laisse passer sans nous atteindre. À quel point nous lui permettons d'avoir une signification dans notre vie.

— Comme quoi?

— Comme quand j'ai cette pensée par exemple; "Je suis stupide", ce qui arrive de temps en temps. Eh bien je n'y crois pas.

— Cela m'arrive tout le temps. Mais je le crois. Ma mère me l'a toujours dit, et j'ai commencé à le croire.

— C'est ce que je dis. La seule différence est que, j'ai cette pensée et je ne la crois pas. Je ne pense pas être stupide, donc je n'ai pas cette expérience. Vous avez cette pensée, vous y croyez, et vous vous sentez stupide. C'est à nous de voir si nous croyons nos pensées ou pas. Une autre pensée confirme la première pensée ou l'annule. C'est la seule chose sur laquelle nous avons du contrôle. Vous n'avez aucun contrôle sur ce que votre mère vous dit ou quelles pensées vous viennent à ce propos, mais vous en avez sur la façon dont vous le prenez. Comme je viens de le dire, vous avez donné votre pouvoir à votre mère mais c'est vous qui êtes en charge de votre expérience.

— Ohhhh! Je vois.

— Et nous n'avons même pas encore parlé du troisième Principe. D'où viennent nos dons du pouvoir de la Pensée et le pouvoir de la Conscience? Ils doivent venir de quelque part. Ils ne nous appartiennent pas à nous seuls. Ce sont des pouvoirs universels. Ils viennent de ce que nous appelons l'Esprit Universel, l'intelligence de la vie, l'énergie de la vie, une force vitale qui nous permet d'être en vie et qui est beaucoup plus grande que nous, passe à travers nous et nous donne ces pouvoirs. Heureusement pour nous, nous ne sommes pas livrés à la merci de notre propre pensée. Même si nous ne pensions pas, cette force vitale, cette énergie, cet esprit coulerait encore à travers nous.

— Parlez-vous de Dieu?

— Bien, je pourrais l'appeler comme ça, sauf que l'interprétation et le concept de Dieu peuvent être assez étroits pour certaines personnes.

— Je sais. Je vois encore toujours un Dieu catholique qui me juge. Je pense que Dieu m'a sans doute puni pour quelque chose. Je lui demande constamment de me libérer de cela mais Il n'a pas écouté.

— Comment savez-vous qu'Il n'a pas écouté? Peut-être qu'Il vous a envoyé vers moi, qu'est-ce que vous en savez? Mais c'est pour cela que j'aime l'appeler Esprit, au lieu de Dieu, parce que toutes nos conceptions sont trop limitées. C'est beaucoup plus vaste que tout cela. Tout ce que je sais c'est que c'est une force en nous et en toute chose et nous n'en sommes qu'une toute petite partie, mais cela nous donne une Santé naturelle, l'amour, le bien-être et la sérénité. Et s'il était possible de ne pas avoir de pensées (ce qui n'est sans doute pas possible, mais nous pouvons nous en rapprocher beaucoup plus que ce que nous ne le faisons habituellement), alors nous ne serions que Santé, amour, bien-être et sérénité. Nous le savons parce que quand notre esprit se dégage ou se calme c'est ce que nous ressentons. Donc sans notre pensée, c'est ce et qui nous sommes *vraiment*! La seule chose qui peut entraver notre chemin c'est notre pensée. Ce n'est qu'en pensée que nous pouvons nous éloigner de cet état pur et non corrompu. Seul *nous* pouvons le corrompre, et nous le faisons avec notre propre pensée, d'où nous tirons une expérience corrompue. Mais c'est une illusion, aussi. Nous ne pouvons pas vraiment en être séparés, parce qu'il n'y a rien d'autre. Ça ne part jamais. *Ce que vous cherchez, vous l'avez déjà!* C'est comme le soleil derrière les nuages. Même dans une énorme tempête de neige vous avez une confiance absolue dans le fait que le soleil est encore là, même si vous ne pouvez pas le voir pendant un moment. Et quand la tempête et les nuages passent, vous pouvez à nouveau le voir. Mais il n'est jamais parti ailleurs, non? Les nuages donnent juste l'impression qu'il n'est plus là, et nous tombons dans le panneau. Mais il est toujours là. Toujours, toujours. Et bien c'est la même chose en nous. Cette belle partie de nous (de nous tous) est comme le soleil, et c'est toujours là pour nous, même quand il nous semble que ça ne l'y est pas.

— Oooh, ce que vous avez dit là, toutes ces choses que vous m'avez dites, je l'ai vraiment ressenti. J'ai tellement cherché l'espoir. Je n'ai jamais eu d'espoir. Mais ceci me donne de l'espoir pour la première fois.

— Oui, si notre esprit ne peut jamais être détruit et notre pur esprit, notre âme, a ces qualités et se révèle à nous quand nos pensées négatives, embrouillées s'effacent (comme les nuages qui se dissipent) c'est de l'espoir instantané.

— Oui, je vois cela maintenant. Oh mon Dieu, je ne peux pas croire que je me sois infligée cela à moi-même pendant toutes ces années.

— Oui, cela peut nous rendre assez humble. Mais vous pourriez utiliser votre pouvoir de la Pensée pour vous faire du mal à ce sujet aussi.

— [rires]

— Et ce seraient des pensées qui vous donnent une mauvaise expérience et qui empêche le pur Esprit de passer.

— Ooh, je ne peux pas croire que personne ne m'ait dit ça plus tôt. Je ne peux pas croire à quel point les nombreux psychologues et psychiatres que j'ai consultés voulaient juste creuser plus profondément dans mes problèmes. Je pensais que c'était ce que je devais faire.

— Quand vous avez un hématome, est-ce que vous poussez dessus pour qu'il guérisse?* Ou est-ce que vous permettez au processus naturel de guérison de le guérir de l'intérieur? Le même processus naturel de guérison se passe avec nos soi-disant problèmes et traumatismes psychologiques. Nous aurons des pensées concernant le traumatisme, mais si nous ne faisons rien de ces pensées, si nous leur permettons de passer, ressentons ce que nous ressentons mais les laissons passer, alors elles ne peuvent plus nous faire de mal, et avec le temps ces pensées vont devenir plus légères et auront moins d'emprise sur nous. Maintenant elles vous ont prise à la gorge, mais c'est uniquement parce que vous laissez ces sentiments traumatiques vous dire: "Ceci est ma vie. C'est qui je suis." Vous inventez cela. C'est une illusion.

— Ooh! Cela a tellement de sens. Ces psychologues et psychiatres voulaient que je creuse de plus en plus profondément dans la douleur, et cela ne m'a jamais aidée. Je n'arrivais jamais nulle part. J'ai l'impression d'avoir été plus loin dans cette session que durant toutes ces années où je suis allée chez eux.

— Mais le monde de la psychologie est innocent aussi. Ils ne savent pas (encore) cela. Ils ont été formés à regarder les problèmes sous-jacents. Beaucoup d'entre eux entendent cela et pensent que c'est fou. Certains sont outrés. Ils disent: "Ça ne peut pas être aussi simple! Les gens et leurs problèmes sont plus complexes que cela." Mais c'est aussi simple. La seule chose qui rend les êtres humains complexes est le contenu créatif de leurs pensées. Certains psychologues disent même que ce que nous enseignons est dangereux. Peut-être pensent-ils qu'on utilise la ruse et la tromperie pour que

---

* Une autre méthaphore de George Pransky. Merci encore, George.

les gens se sentent bien. Je ne sais pas quoi en penser. Tout ce que je sais c'est que cela semble aider tellement de monde.

— Je pense que ceci va faire une grande différence pour moi.

— Une dernière chose, parce que je pense que vous en avez eu suffisamment pour aujourd'hui, mais j'ai juste eu l'idée que je devrais vous lire une petite partie d'un livre que j'ai écrit, parce que c'est une conversation avec une femme nommée Lisa dont la situation a beaucoup de similitudes avec la vôtre. [J'ai lu le passage suivant. Il s'agit d'une conversation entre Lisa et moi:]

— Ma mère [belle-mère] me traitait comme de la merde. Elle me détestait.

— Donc juste pour être clair, votre mère faisait tout ce qu'elle pouvait pour vous maltraiter?

— Oui.

— Elle voulait vous faire du mal?

— Oui

— C'est à dire qu'elle se réveillait chaque matin en disant: "Qu'est-ce que je peux faire pour faire du mal à Lisa aujourd'hui?"

— Hmm.

— En fait, comment savez-vous ce qu'elle pensait de vous?

— C'était comme si j'étais dans son chemin.

— Comment le savez-vous?

— C'est la façon dont elle agissait envers moi. Je ne pouvais rien faire de bien! Elle me disait que je ne pouvais pas faire la lessive parce que je casserais la machine à laver. Je ne pouvais pas éplucher les pommes de terre parce que je gaspillerais trop de la pomme de terre. J'ai vécu toute ma vie comme cela.

— Mais, est-ce que vous savez ce qu'il y avait derrière tout cela?

— Qu'est-ce que vous voulez dire?

— Je veux dire, quel était son mobile pour vous dire ce genre de choses?

— Je ne sais pas.

— Attendez une minute, vous m'avez dit qu'elle voulait délibérément vous faire du mal. Est-ce que vous ne m'avez pas dit que c'était ça son mobile?

— Je suppose...

— Donc vous inventez son mobile, et puis vous souffrez des conséquences de ce que vous avez inventé.

— Hmm.

— Soit, disons que le pire soit vrai. Disons qu'elle se levait tous les jours et disait, "Comment est-ce que je peux faire du mal à Lisa aujourd'hui", ce dont je doute, mais disons que c'est ce qu'elle faisait, pensez-vous qu'elle savait ce qu'elle faisait?

— Que voulez-vous dire?

— Est-ce qu'elle aurait pu faire autrement, étant donné sa façon de penser?

— Je ne sais pas. Je veux dire, non, je ne pense pas. [Une grande tristesse la submergea.]

— J'ai vraiment de la peine pour vous. Cela a dû être tellement dur de grandir avec cela. Mais est-ce que vous pouvez voir son innocence? Et la vôtre? Imaginez-vous comme un petit bébé pleurant dans votre lit, et votre mère ne le supporte pas. Est-ce que vous auriez pu faire autrement? Est-ce que vous auriez pu faire quoi que ce soit de différent?

— [soupirant profondément, tenant son cœur] J'ai l'impression d'avoir cette douleur profonde dans mon cœur.

— Je suis vraiment désolé. Que voyez-vous maintenant?

— [Tout d'un coup comme un grand coup de vent] Oh mon Dieu! Je viens de me voir moi-même pour la première fois! C'est comme si une partie de moi-même était derrière moi, regardant dans l'autre direction, et je ne pouvais jamais la voir, et tout à coup, Oh mon Dieu, je viens de me retourner et de me voir moi-même pour la première fois! Je me suis juste regardée, et je me suis rendue compte que je m'en voulais pour tout. Je suis tellement désolée d'avoir fait cela. Je ne me verrai plus jamais de la même façon. Juste comme avec Bridgett, je ne me verrai plus jamais de la même manière.

Sur le parking, Lisa qui était sur le point de partir m'a dit:

—Au revoir, je retourne vers ma chambre d'hôtel...

Elle a marché un petit peu puis elle s'est arrêtée, s'est retournée, m'a regardé et, ébahie, a dit:

— ...avec moi-même!

Puis elle est revenue en courant vers moi et a dit:

— Oh mon Dieu, Jack! Je ne serai plus jamais seule! Je me suis retrouvée moi-même, finalement!

— Wow, cela m'a vraiment touchée. Je me reconnais vraiment dans cette histoire. Merci beaucoup!

— Vous pouvez être libre, comme Lisa. Ce n'est pas qu'elle n'ait plus jamais eu de ces vieilles pensées qui lui passaient par la tête, parce que ce sont des habitudes tellement incrustées, mais elle est libre parce qu'elle sait qu'elle ne doit pas les prendre à cœur et les laisser la dominer. Et elle est libre parce qu'elle sait que quand elle ne laisse pas ces pensées l'atteindre et qu'elles repartent elle est vraiment un être humain Sain et sage. Et elle l'est. Et vous aussi vous l'êtes.

— Merci beaucoup. Je suis infiniment reconnaissante. Je ne peux pas croire que personne ne m'ait dit ça plus tôt.

Tout me semble tellement simple maintenant, jusqu'au moment où j'oublierai, et puis je m'en souviendrai à nouveau. L'essence est la simplicité. C'est ce qui donne vraiment du pouvoir: voir que le Créateur nous a donné certains dons inaliénables, et que nous pouvons utiliser ces dons comme nous le voulons. Nous décidons ce à quoi nous donnons du pouvoir, consciemment ou inconsciemment.

En résumé:

1. Nous avons reçu *le pouvoir de création*, le don de pouvoir créer quoi que ce soit dans notre esprit avec notre pouvoir de la Pensée. C'est un don formidable et incroyable: le pouvoir de création: *la Pensée.*

2. Nous avons reçu *la capacité à avoir une l'expérience* de quoique ce soit que nos pensées créent et d'être conscient de la Pensée et de comment cela fonctionne et comment nous l'utilisons à chaque instant. Ceci est le don de la *Conscience.* Nous avons le pouvoir de voir les pensées et les sentiments qui en résultent comme "la réalité" ou comme une illusion. Ça c'est un pouvoir!

3. Nous avons reçu *une source de création saine.* L'Esprit est Tout et nous donne tout, et l'essence pure, l'Unité de l'Esprit passe à travers nous comme notre essence spirituelle, notre Âme. Peu importe comment on le nomme, il contient la sérénité, le bien-être, la Santé et la sagesse. Donc, en plus des dons de créer tout ce que l'on veut et d'avoir l'expérience de tout ce que nous avons créé, nous avons aussi en nous une source naturelle de création saine. Nous ne devons rien faire pour l'obtenir, car elle est déjà présente en nous, toujours. Cette source nous nourrit. Tout ce que nous pouvons faire, c'est de lui permettre de couler librement en nous ou de l'entraver (avec notre propre pensée).

Nous avons reçu *un chemin de création saine.* Ce chemin est un esprit clair. Tout ce dont nous avons besoin, c'est que notre pensée normale, habituelle cesse. Quand cela se produit, notre Santé/sagesse apparaît naturellement, parce qu'elle ne nous a jamais quitté. Les nuages se dissipent, le ciel se dégage, le soleil apparaît. Il a toujours été là.

Nous avons reçu *le moyen de surveiller nous-même nos créations: nos sentiments et émotions.* Comme mécanisme d'auto-surveillance, ils sont infaillibles. Les sentiments tels que le bien-être, l'amour, la compassion, l'humilité, l'humour et la gratitude nous disent que nous sommes proches de notre Santé et notre sagesse. Des émotions négatives, anxieuses ou colériques nous disent que notre pensée a déraillé et qu'on ne peut pas lui faire confiance. Il se peut que nous ne soyons pas conscients de ce que nous pensons, ou même du fait que nous pensons, mais nous pouvons toujours être conscients de ce que nos sentiments nous disent, et faire des ajustements.

La vie ce sont des niveaux de conscience. Parfois nous sommes en haut, parfois nous sommes en bas. Mais il n'y a qu'une seule chose qui peut faire en sorte que nous soyons plus haut ou plus bas: c'est la façon dont nous *utilisons* notre don créatif de la Pensée. Et c'est cela que nous ressentons dans notre conscience. C'est la simplicité. Si nous ne pensions pas du tout, tout ce qui resterait ne serait que notre pure essence qui nous donne tout ce dont nous avons besoin. Certains niveaux sont plus proches de l'essence pure de l'Esprit que d'autres. Nous avons le libre arbitre de créer la Santé ou la misère, la paix ou la guerre, le bonheur ou la tristesse, l'amour ou la haine. Nous utilisons notre pouvoir créatif de la Pensée pour décider ce que nous acceptons pour nous-mêmes, et puis notre conscience nous donne l'expérience de ce que nous créons.

Plus nous permettrons à la vie de couler à travers nous au lieu d'utiliser notre pensée contre nous-mêmes, plus nos vies incarneront la paix, l'amour et le bien-être. Presque toutes les personnes que je connais aimeraient avoir plus de cela dans leur vie, ainsi que des relations saines et moins de stress. Comment pouvons-nous y arriver? En comprenant comment tout cela fonctionne réellement. Avec mon expérience, tout ce que j'ai dit dans ce livre peut être condensé en deux choses:

1. Les gens vont augmenter leur bien-être dans la mesure où ils comprennent *que leurs problèmes, difficultés et stress ne viennent* jamais *du monde extérieur mais* seulement *de la façon dont ils utilisent leur pensée.*

2. Les gens vont augmenter leur bien-être et leur sérénité dans la mesure où ils *se permettent d'être guidés par leur Santé et leur sagesse avec un esprit clair.*

Plus nous réalisons que notre expérience vient de l'intérieur de nous, plus ce que nous cherchons apparaît dans notre vie. Plus nous voyons que nos illusions sont issues de notre propre création et ne sont pas "la réalité", moins nous sommes contrôlés par les illusions que nous créons par inadvertance et avec lesquelles nous devons vivre. Plus nous permettons à notre sagesse de nous guider, au lieu de nous laisser piéger par notre pensée personnelle, analytique, habituelle ou par notre mauvaise humeur, plus nous restons alignés à notre Santé et ne nous perdons pas.

Cela ne semble pas si difficile, non?

Nous avons la capacité de voir les limites ou de voir les possibilités infinies. Cela ne tient qu'à nous.

Quel don!

Et c'est le vôtre. Et c'est le mien. C'est le don de tout le monde.

Quelqu'un Aurait Dû Nous Le Dire!

Je ne sais pas ce que vous en pensez, mais moi j'aimerais vraiment l'utiliser pour ma propre sérénité, et pour la paix du monde, plutôt que contre moi-même et les autres.

La Fin, et un Nouveau Début

Résumé Final

1. Notre pensée est notre vie.
2. La sagesse est toujours disponible pour nous guider, si nous savons comment y accéder.
3. Une personne ne peut changer que si sa Pensée change.
4. Quand notre esprit se dégage notre sagesse apparaît.
5. Ce n'est pas en y pensant que nous pouvons trouver des solutions à nos problèmes (ou trouver notre bonheur).
6. Ce qui compte, c'est ce que l'on sent, et c'est infaillible.
7. La vie, c'est comme une auberge espagnole. On n'y trouve que ce que l'on y voit.
8. Lorsque notre niveau de conscience est amoindri, il serait peu sage de croire, de suivre ou de nous fier à notre pensée.
9. Écouter les autres profondément plutôt que d'écouter notre propre pensée enrichit notre expérience.
10. Nous ne sommes coincés qu'autant que nous pensons l'être, ni plus ni moins.

50077819R00134

Made in the USA
Charleston, SC
14 December 2015